Fabio Paiva Reis

A Serra das Esmeraldas

História da Capitania do Espírito Santo
Vol. 2

Spirito Sancto

2017

Reis, Fabio Paiva, 1986-

R375s   A Serra das Esmeraldas / Fabio Paiva Reis. - Vitória : Spirito Sancto, 2017.

127 p. : il. – (História da Capitania do Espírito Santo. v.2)
Inclui bibliografia.
ISBN: 978-85-93801-07-5

1. Brasil – História - Capitanias hereditárias, 1534-1762. 2. Espírito Santo (Estado) - História. 3. América - Descobertas e explorações portuguesas. 4. Brasil – História - Período colonial, 1500-1822. 5. Esmeraldas, Serra das (ES). I. Título.

CDU: 94(815.2)

Para o Espírito Santo

ÍNDICE

INTRODUÇÃO

Esmeraldas. Esta é, com certeza, uma das palavras que melhor traduzem o sonho dos portugueses no Brasil nos primeiros séculos da colonização. Durante muitos anos uma diversidade de aventureiros, bandeirantes e sertanistas partiu pelo sertão brasileiro em busca de riquezas incontáveis que os aguardavam em algum lugar desconhecido.

Às vezes contra o desejo da Metrópole, outras fazendo a vontade dela, esses homens protagonizaram alguns dos momentos mais marcantes da história brasileira, seja nas descobertas, na ocupação do interior ou na formação do pensamento coletivo, um dos focos do presente trabalho.

CONTATOS COM A SERRA DAS ESMERALDAS

Meu primeiro contato com a Serra das Esmeraldas, que deu origem ao presente trabalho, ocorreu em 2006, durante pesquisas realizadas para o Projeto Visitar[1], da Prefeitura Municipal de Vitória, Espírito Santo, com a leitura de *História do Estado do Espírito Santo*, de José Teixeira de Oliveira (2008).

Oliveira publicou pela primeira vez em 1955 uma obra de referência para os que buscam estudar a história do Espírito Santo. Inicialmente, a publicação faria parte de uma coleção de crônicas de todos os estados do Brasil. Mas a publicação não foi adiante, apesar de "confiada aos professores Affonso d'Escragnolle Taunay

---

[1] Mais sobre o Projeto, que é realizado em conjunto com a ONG Instituto Goia, pode ser encontrado no sítio do Instituto, <http://institutogoia.org/>, e também através da Prefeitura Municipal de Vitória.

e Rodolfo Garcia"[2]. Bastante cuidadoso em indicar as fontes consultadas para todas as informações que incluiu em seu livro, o autor garantiu que seus leitores pudessem refazer rigorosamente o seu caminho de pesquisa, possibilitando que, a partir daí, desenvolvessem assuntos específicos.

As esmeraldas surgem de relance nas esquinas dos relatos de viagens ao sertão comentadas pelo autor. Para ele – uma ideia repassada aos leitores – a procura pela Serra Resplandecente[3] aconteceu em diversos momentos do período colonial, da mesma maneira que a crença em sua existência resistiu às frustrações de sua busca.

Autores como Sérgio Buarque de Holanda defendem que, na verdade, ela fazia parte de um conjunto de mitos mantidos pelos portugueses e trazidos da Europa para a América. Segundo o autor em seu livro *Visão do Paraíso*, o que descobridores, povoadores e aventureiros "muitas vezes vêm buscar e não raro acabam encontrando nas ilhas e terra firme do Mar Oceano, é uma espécie de cenário ideal, feito de suas experiências, mitologias, ou nostalgias ancestrais"(HOLANDA, 1969, p. 304).

Esse cenário ideal teve como um dos principais perseguidores Marcos de Azeredo, realizador de uma das entradas organizadas por D. Francisco de Souza, Governador-Geral das capitanias do sul e Marquês das Minas em fins do século XVI (SALETTO, 1998, p. 70). Nessa posição, Azeredo encontrou algumas pedras verdes, as quais foram levadas para Portugal e garantiram a ele o apoio da Coroa para mais uma entrada em busca da Serra. Ele teria guardado o registro do itinerário seguido, que transmitiu adiante e serviu de roteiro para diversos outros

---

[2] OLIVEIRA, J. T. d. *História do Estado do Espírito Santo*. Vitória: Arquivo Público do Estado do Espírito Santo: Secretaria de Estado da Cultura, 2008. p. XXXIX.

[3] A Serra surge muitas vezes com nomes diferentes. Alguns autores a chamam de Serra das Esmeraldas, como José Teixeira de Oliveira. Outros a denominam Serra Resplandecente, Itaberaba ou Sabarabuçu e suas variações.

sertanistas e incentivou gerações a continuar em busca das pedras preciosas.

O IMAGINÁRIO DA SERRA

Mas, entre tantas riquezas naturais, o que levou as esmeraldas a ganharem tamanha importância? Nos primeiros anos da colonização, o ouro era o metal precioso mais desejado pelos portugueses, sendo substituído pela prata após as grandes descobertas do metal na América espanhola. Esta perderá para a esmeralda o posto de mais desejada durante o século XVII, pois a grande quantidade de cristais de todas as cores relatados por nativos e aventureiros mudará o desejo dos colonos, principalmente as gemas verdes, encontradas em abundância. Surgirá então a ideia de que maravilhosas riquezas perdidas poderiam ser encontradas, se continuassem as procurando.

Esse fascínio pelas esmeraldas estava de acordo com tradições surgidas ainda na antiguidade e que se fortaleceram na Idade Média, relacionando as pedras verdes a "alegorias e 'visões' paradisíacas, onde lhes costumam atribuir virtudes sobrenaturais" (HOLANDA, 1969, p. 68), simbolizando a castidade e a vida eterna. Essas crenças farão com que Santo Agostinho identifique as esmeraldas nas suas descrições do paraíso terrestre, nas margens do Fison – um dos rios que nascem no Éden. Além disso, segundo Sérgio Buarque de Holanda, "a esmeralda (*lapis prasinus*) e o carbúnculo correspondem, numa antiga versão do Gênesis, ao que, no texto da Vulgata, se traduz respectivamente por *bdelio* e *onix*". Ele conclui seu raciocínio com a seguinte questão: "Não serviria até certo ponto, este fato, para explicar a sua presença em muitas descrições do Paraíso?"(HOLANDA, 1969, p. 69)

A aproximação entre a *terra papagali* e o Éden foi muito comum nos primeiros séculos da colonização da América portuguesa. Fortalecendo essas ideias, houve relatos de indígenas sobre quantidades incontáveis de metais e pedras preciosas no sertão da América portuguesa e uma lagoa no centro do Brasil que distribuía essas riquezas pelo território brasileiro.

Mas o momento em que a importância da Serra das Esmeraldas se tornou evidente para mim a ponto de gerar o interesse na formulação deste estudo ocorreu durante a leitura de um documento do período monárquico brasileiro: a *Memória Estatística da Província do Espírito Santo Escrita no Ano de 1828*, de autoria do então Presidente da Província Ignacio Accioli Vasconcellos (1978).

Em suas memórias, Vasconcellos enfoca diversos aspectos da Capitania do Espírito Santo. Disserta sobre a economia local, a história da capitania, questões políticas e sobre a natureza. Abre então um espaço para falar de "Serras, e Montes", que reproduzo na íntegra:

> A costa toda da Provincia he acompanhada por hũa cordelheira de montanhas, de que, como espinha dorsal fazẽ devertebras todas as mais; havendo com tudo izoladas, como a Serra do Mestre Alvaro, utilíssima aos Navegantes por ter apropriedade de aprezentar por todos os lados o mesmo aspecto, o monte Morêno e Penha e outros muitos. Esta cordilheira se aproxima mais a Guaraparim que a outro ponto da costa, e dela distará talvez oito legoas. Não consta que curiozo algum investigasse a altura de algum deles, a excepção do da Penha que está acima do nível do mar 100 varas. São raras as montanhas descubertas, suposto que todas em geral são riquíssimas de pedras, e talvez bem preciozas, como a Serra das Esmeraldas, de que nimguem do Paiz dá noticia, mas que de facto existem. As que são cubertas, e inda incultas possuem excelentes madeiras de construção (VASCONCELLOS, 1978, p. A verso).

O que mais chama a atenção nessa passagem é o fato de ter sido escrita no ano de 1828, após o auge da mineração de ouro e certamente muito tempo depois das grandes buscas pelas esmeraldas, realizadas no século XVII.

Essa fascinante permanência da Serra das Esmeraldas no imaginário colonial, e que se projeta para o período monárquico brasileiro, levou ao início de minha pesquisa. Afinal, esse local fantástico não estaria presente apenas no imaginário dos colonos do Espírito Santo, mas de todo o Brasil e mesmo além-mar, encantando a própria Coroa portuguesa.

PERIODIZAÇÃO

O período aqui estudado foi definido a partir das informações que o conjunto de fontes selecionado apresenta. Tomando como ponto de referência os relatos de esmeraldas no interior do Brasil, presente nos textos dos cronistas coloniais, estabeleci a década de 1570 como período inicial do nosso trabalho. É a partir daí que se efetiva o desejo pelas pedras verdes e o roteiro para elas começa a se consolidar.

No desenrolar do século XVII, diversas entradas foram incentivadas pelo Governo Geral, no Brasil, e pela Coroa, em Portugal, sem que os fracassos constantes na busca da Serra das Esmeraldas impedissem novas tentativas. Ao contrário, os fracassos pareciam aumentar ainda mais a vontade de encontrá-la.

Em 1660, ao entregar a patente de governador da entrada para João Corrêa de Sá (filho do então Governador Geral Salvador Corrêa de Sá e Benevides), D. Afonso, ainda sob a regência de D. Luísa de Gusmão, manifestaria sua esperança de que "este descobrimento tenha o fim que se pretende" (BIBLIOTECA NACIONAL, 1933, p. 41). Fazia referência ao fato de, apesar de todo o esforço, ainda não haver sido encontrada nenhuma Serra maravilhosa.

Em 1671, o recém-nomeado Governador Geral Afonso Furtado de Castro do Rio de Mendonça pediu a Antônio Luis Espinha, Capitão do Espírito Santo, que "segure de que se nas minas tiver o successo que promettem as esperanças", ele pessoalmente se empenharia "a ser quem solicite para V. M. as honras, e mercês que deve confiar de sua grandeza, além da renda que há de resultar a V. M., que será conforme a utilidade que a Fazenda Real tiver das ditas minas" (BIBLIOTECA NACIONAL, 1928b, p. 182). As mercês aparecem aqui da mesma maneira que apareceriam, quatro anos depois, asseguradas a José Gonçalves de Oliveira (ver o capítulo *Conflitos Políticos na América Portuguesa*), sempre condicionadas ao resultado final da entrada.

Afinal, como a importância da descoberta das esmeraldas "excede a do ouro e prata" (BIBLIOTECA NACIONAL, 1929, p. 45), era imprescindível que se garantisse os benefícios para quem finalmente realizasse a descoberta. Mas os constantes fracassos impediam a total recompensa dos sertanistas, e nunca eram vistos como prova de que a serra não existia. A culpa seria o "árduo dos caminhos e dos mais inconvenientes que até hoje tem difficultado o descobrir-se"(BIBLIOTECA NACIONAL, 1929, p. 45). Todavia, nem tudo era em vão, pois ofereceram-se recompensas, certamente menores, em retribuição aos serviços prestados ao Rei.

Apesar do aparente desejo de continuar acreditando na existência da serra, é verdade que, com o passar das décadas, os seguidos fracassos levariam à marginalização do mitológico lugar. Em dezembro de 1683, ao dar patente a Garcia Rodrigues Pais, que já havia procurado a Serra das Esmeraldas acompanhando seu pai, Fernão Dias, o rei D. Pedro II esperava que "de uma vez se tome o desengano deste descobrimento há tantos anos pretendido fazendo-se esta última experiência"(BIBLIOTECA NACIONAL, 1945, p. 140).

De certa maneira, essa foi realmente uma das últimas buscas, durando cerca de seis anos e sem resultados relevantes no tocante às esmeraldas (ANTONIL, 1711/1982, p. 241). Ofuscadas pela descoberta do ouro na última década do século XVII, as pedras verdes resistiriam no imaginário social da colônia por algum tempo, embora mais distantes do que nunca.

As primeiras descobertas de ouro no interior da Capitania do Espírito Santo, em 1693 e o desmembramento da região das minas gerais em 1709 para a formação de uma nova capitania, estarão no outro extremo do período abordado neste trabalho, por representarem também a diminuição drástica no interesse pelas lendárias esmeraldas.

FONTES E BIBLIOGRAFIA

No século XVII a América portuguesa recebeu incentivos tanto portugueses como espanhóis, durante o período da União Ibérica (1580-1640), para a realização de buscas por metais e pedras preciosas em seu interior. Essas buscas foram realizadas mesmo nos períodos de luta na colônia brasileira, com a ocupação holandesa no norte e os ataques de outras nações, como Inglaterra e França, por todo o litoral.

Muitas dessas entradas foram realizadas pelos sertanistas paulistas e estudadas à exaustão, mais tarde, por historiadores como Sérgio Buarque de Holanda – principalmente nos textos *Caminhos e Fronteiras (1994)*, *Monções (2000)* e *Metais e Pedras Preciosas (1985)* – e Afonso d'Escragnolle Taunay – nos 11 volumes da *História das bandeiras paulistas (1975)*, e nos quatro da *História seiscentista da vila de São Paulo (1929)*. Apesar de comentários feitos nesses trabalhos, não houve ainda aprofundamento na pesquisa sobre bandeiras realizadas na Capitania do Espírito Santo. Lá acreditava-se encontrar a Serra Resplandecente.

O Espírito Santo, infelizmente, não tem a mesma quantidade nem a organização documental de São Paulo em relação ao que foi produzido durante o período colonial brasileiro. A maior parte dos documentos a serem utilizados neste trabalho foi publicada em conjunto, em obras como *Documentos Históricos* – uma série da Biblioteca Nacional de numerosa quantidade de textos trocados entre metrópole e colônia entre os séculos XVI e XX. Outros documentos, oriundos do Arquivo Ultramarino português, encontram-se digitalizados e disponibilizados gratuitamente em CD pelo Arquivo Público do Estado do Espírito Santo (APEES). Além disso, são organizados em catálogo publicado também pelo APEES (2000).

Dei preferência a alguns documentos: os pareceres do Conselho Ultramarino sobre questões de patente para as entradas, foram bastante importantes; nos conflitos entre o Capitão-mor e o Donatário da Capitania do Espírito Santo, além da própria Companhia de Jesus, o papel do Conselho e da Coroa foi essencial na solução das disputas políticas coloniais.

As próprias cartas patentes, em todo o século XVII, entregues a sertanistas, jesuítas e membros da administração portuguesa, apresentam conteúdo que nos permite entender quais os interesses dos governantes na indicação de um "capitão da entrada", relacionados à facilidade na condução dos índios e no conhecimento prévio do sertão brasileiro.

Enfim, as cartas escritas na colônia – com os pedidos para realizar as entradas, os argumentos utilizados, as reclamações e desmerecimentos sobre os concorrentes pela patente – também tem conteúdo de vital importância para a minha pesquisa.

Além dos documentos da Capitania do Espírito Santo, publicações dos primeiros séculos da colonização também serão utilizadas para entender a inserção gradativa da Serra das Esmeraldas no imaginário colonial. Utilizarei referências de uma série de cronistas que escreveram entre 1570 e 1700.

Gabriel Soares de Souza, Pero de Magalhães Gandavo, Fernão Cardim e o aventureiro inglês Anthony Knivet trazem relatos do século XVI, em um período em que a Serra das Esmeraldas ainda se estabelecia como um mito colonial. As riquezas não eram sempre consideradas esmeraldas, mas ditas apenas cristais de diversas cores – onde as verdes eram as mais comuns – que faziam resplandecer a serra onde se encontravam.

Jácome Monteiro, Capistrano de Abreu (possível autor dos *Diálogos das Grandezas do Brasil*), Diogo de Campos Moreno, Frei Vicente de Salvador e Jorge Marcgrave escrevem na primeira metade do século XVII. Seus relatos estabilizam a localização da Serra, nas proximidades de uma lagoa, e se misturam com outra serra lendária, essa de prata, que trazia a América espanhola para mais perto dos portugueses.

Por fim, o autor anônimo das *Informações Sobre as Minas do Brasil* e André João Antonil, ambos escrevendo no início dos Setecentos, mostrarão duas opiniões bastante distintas: o primeiro (com texto datado de 1700) acredita na existência da Serra das Esmeraldas, relata o seu descobrimento por Marcos de Azeredo e apresenta motivo para que ela nunca tenha sido encontrada. O segundo (cujo texto é de 1711) já demonstra o abandono das esmeraldas pela riqueza do ouro das Minas Gerais.

Por fim, serão utilizados mapas que retratam a Capitania do Espírito Santo produzidos no século XVII e XVIII. Os mapas mais antigos são do cosmógrafo português João Teixeira Albernaz, o Velho, e também de seu neto homônimo. Alguns desses mapas retratam a Serra das Esmeraldas. A partir deles mostro como que as informações dos relatos dos cronistas, enviados à Coroa, são incorporados aos mapas.

Utilizo também mapas produzidos na Holanda, a partir dos quais estudarei como os holandeses foram responsáveis pelo conhecimento do sertão da América portuguesa. Procurei entender ainda como outras nações europeias adquiriam e incorporavam informações importantes e secretas vindas do Brasil. Utilizo mapas de Vingboons, Keulen e Châtelain. Este último, um francês que morou e publicou mapas em Amsterdã, utilizou dados que também aparecem na cartografia francesa, representada aqui por um mapa de Jean Baptiste Bourguignon d'Anville.

Os mapas do Brasil de Châtelain e de d'Anville são feitos já no século XVIII, mas os dados que utilizaram parecem ser de fins dos Quinhentos e início dos Seiscentos. Já os mapas do *Guia dos Caminhantes*, de Anastásio de Santa Anna, e os apógrafos do mapa de Jacobo Cocleo, que fecham o livro, nos permitem discutir as questões de fronteira no Brasil e também a permanência da Serra das Esmeraldas na cartografia lusitana.

O relacionamento da cartografia com outros documentos, principalmente textuais, é parte importante da interpretação dos mapas e seus significados a partir da mentalidade da época, da historicidade de seu autor, de sua circulação. A linguagem e o pensamento expressos na confecção dessas verdadeiras obras de arte, nas quais o cosmógrafo pinta territórios anteriormente reconhecidos mediante símbolos ou códigos de interpretação, perderam-se, em parte, com o passar dos anos.

A DIVISÃO DO TRABALHO EM CAPÍTULOS

No primeiro capítulo discutirei o surgimento da Serra das Esmeraldas entre os primeiros cronistas do Brasil, a importância da entrada e do roteiro de Marcos de Azeredo para o estabelecimento da lenda na região da Capitania do Espírito Santo e também os primeiros passos para o conhecimento do interior da colônia. Ao estudar os elementos relevantes das obras selecionadas, falarei sobre a existência de lugares lendários nesses mapas, dando ênfase, como referido, à Serra das Esmeraldas.

O capítulo abrangerá as análises cartográficas dos mapas que solidificam a Serra das Esmeraldas no imaginário colonial português. Apresento, então, análise de mapas da primeira metade do século XVII, principalmente de João Teixeira Albernaz, o Velho: cosmógrafo desde 1602, atuou na corte de Filie II, seu patrono, e produziu uma série de cartas representando o Espírito Santo durante sua vida. Esses mapas são influenciados pelos relatos dos cronistas e são feitos a partir do relato de Marcos de Azeredo. Posteriormente, também influenciarão as entradas da segunda metade dos Seiscentos.

O segundo capítulo discutirá o reconhecimento e ocupação do interior do Brasil no século XVII, a partir dos documentos coloniais, principalmente a partir da movimentação jesuítica no sertão da América portuguesa. Em busca tanto de índios para suas missões como de riquezas para Deus e para o Rei, a Companhia de Jesus será a principal responsável pelas entradas em meados dos Seiscentos. Foi apenas na segunda metade do século que os moradores do Espírito Santo retornaram às entradas, pois até então preocuparam-se com as crises políticas e econômicas, e a colônia preocupava-se principalmente com a ocupação holandesa nas capitanias do norte.

Também mostrarei a importância dos holandeses para o conhecimento efetivo do interior do Brasil, seus planos para adquirir as riquezas americanas e uma participação em expedições ao interior e como isso influenciou sua cartografia produzida no período. Nesse mesmo período, discutirei também o fim da conjuntura filipina (a União Ibérica dura entre 1580 e 1640) e as mudanças em relação aos incentivos ao envio de relatos e dados da América para a Coroa e também a diminuição na produção cartográfica.

No terceiro e último capítulo, farei uma discussão sobre o papel político e econômico da Capitania do Espírito Santo e de suas elites coloniais no período moderno, como parte do império português e divisão administrativa na América portuguesa. E enfoca as disputas políticas sobre as entradas para a Serra das Esmeraldas durante todo o século XVII nos estudos sobre as estruturas políticas portuguesas na modernidade. O objetivo, neste caso, é fazer conexões entre os elementos apresentados nos documentos do período.

Tanto essas disputas como os conflitos coloniais pela região da Capitania do Espírito Santo, que também serão estudados aqui, influenciarão a formação do território da capitania, que se modificará durante todo o período colonial. Essa formação territorial é bastante visível na cartografia aqui estudada e nos ajudará a compreender a perda de espaço para as capitanias vizinhas.

Espero assim conseguir fazer uma análise da Capitania do Espírito Santo entre fins do século XVI e início do XVIII, da sua participação no movimento sertanista colonial, o desventamento do seu interior e a formação do seu território, que está diretamente relacionada às buscas e descobertas de metais e pedras preciosas na América portuguesa.

A ORIGEM E A BUSCA DAS ESMERALDAS

Os confrontos políticos visando as patentes para as entradas em busca das esmeraldas e, posteriormente, o processo de preparação e realização das entradas em si levaram a diferentes resultados. Da mesma maneira que algumas pedras preciosas foram encontradas e levadas para Portugal e incentivaram novas buscas durante o século XVII, essas ações geraram não só material escrito sobre as esmeraldas, como também material cartográfico: mapas que indicam a Serra e também incentivaram a sua busca.

Esses mapas fazem parte da viva cartografia da América portuguesa que foi produzida no período, principalmente em Portugal. Muitos foram inseridos em livros e atlas[4], sendo utilizados como fontes de informação política e econômica na Europa, e mantidos em segredo. Outros foram copiados e divulgados em outras nações como representações das colônias americanas.

Alguns desses conjuntos apresentam mapas da Capitania do Espírito Santo. Apesar de parte desse acervo cartográfico privilegiar, no início do século tratado, o litoral da América portuguesa, o conhecimento do sertão brasileiro, adquirido através do contato com os nativos e informações sobre o percurso dos rios permitiu que esses mapas, incluindo os tratados aqui,

---

[4] Entre as principais produções cartográficas do período colonial brasileiro, algumas são hoje bastante acessíveis: o *Roteiro de todos os sinais da Costa do Brasil* TEIXEIRA, L. *Roteiro de todos os sinais da Costa do Brasil*. Rio de Janeiro: Instituto Nacional do Livro; Ministério da Educação e Cultura, 1968. e o *Livro que dá razão do Estado do Brasil* MORENO, D. d. C. *Livro que dá razão do Estado do Brasil*. Rio de Janeiro: Instituto Nacional do Livro; Ministério da Educação e Cultura, 1968..

trouxessem dados do interior da capitania. Entre esses dados estava a possível localização das esmeraldas.

O incentivo para a busca pelas esmeraldas estava de acordo com as cartas de governadores gerais do Brasil e reis portugueses, enviadas a sertanistas que foram nas entradas em busca daquelas pedras. No exemplo utilizado na introdução deste trabalho, o Governador Geral escreveu em 1671 ao Capitão do Espírito Santo José Gonçalves de Oliveira informando que, caso as pedras preciosas fossem encontradas, ele próprio solicitaria ao Rei "as honras, e mercês que deve confiar de sua grandeza, além da renda que há de resultar a V. M., que será conforme a utilidade que a Fazenda Real tiver das ditas minas" (BIBLIOTECA NACIONAL, 1928b, p. 182).

O primeiro a relatar a existência de uma serra que resplandecia no sertão da América portuguesa foi Filipe Guillén, boticário castelhano que veio para o Brasil junto com Vasco Fernandes Coutinho, donatário da Capitania do Espírito Santo, em 1534 (OLIVEIRA, 2008, p. 48). Entendido de mineração, foi trazido para a colônia já na esperança de encontrarem algo de valor nessas terras. Aparentemente, logo mudou-se para Porto Seguro, onde continuou seu trabalho e de onde escreveu a Tomé de Sousa, em 1550.

De acordo com sua carta, a Serra Resplandecente se encontrava próxima a um grande rio, segundo relato de alguns nativos. Além disso, curiosamente, ela ficaria em latitude semelhante à de Potosi[5], onde as riquezas minerais já haviam sido encontradas[6]. Guillén não só relatou o caso ao Governador Geral,

---

[5] Hoje parte da Bolívia, a região de Potosi foi uma das mais ricas em prata do mundo, tendo o seu auge no século XVII. Na América portuguesa, instaurou-se a lenda de que o Potosi estava próximo, ao Oeste, e muitos tentaram encontrá-lo em viagens ao sertão. A Serra das Esmeraldas é uma variante lendária do Potosi.

[6] Era comum acreditar, no período moderno, que certas características – como, no caso, metais e pedras preciosas – eram encontradas, na Terra, em regiões de mesma latitude HOLANDA, S. B. d. *Visão do Paraíso*. São Paulo:

mas também, "como nada desejava mais do que gastar a vida em serviço de Deus e Sua Alteza" (HOLANDA, 1969, p. 37) se prontificou a ir ao sertão encontrar o local, tomando o cuidado de preparar um roteiro de ida e vinda.

Tal entrada não foi realizada, mas é interessante notar a disposição do castelhano a serviço da Coroa portuguesa em fazer a viagem. Segundo Ronald Raminelli, em seu livro *Viagens Ultramarinas*, na Península Ibérica, os súditos "eram mais dispostos a conceder frutos voluntários que encomendados" a seus soberanos (RAMINELLI, 2008, p. 27). Cartas e relatórios sobre coisas que aconteciam e que se encontravam no Brasil eram constantemente enviados à Coroa e, ainda no século XVI, eram considerados um grande serviço ao Rei, vivendo na distante Lisboa ou Madri.

A carta a Tomé de Sousa, Governador Geral e intermediário entre Guillén e o Rei, tinha o objetivo de alcançar mercês e privilégios na América portuguesa. Vice-reis e governadores gerais também podiam recompensar súditos, com a nomeação para um cargo na administração colonial, por exemplo. O mesmo se dava em relação à expedição pretendida pelo boticário: o serviço, de clara importância para a Coroa, costumava ser recompensado mesmo que não fosse bem sucedido. Não deixava de ser, afinal, prestado pelo bem do reino português:

> A trama entre o centro e as periferias baseava-se na negociação entre os súditos e o monarca. Os primeiros, ao prestar serviços no ultramar, tinham seus feitos reconhecidos e recompensados, reuniam honras e privilégios que os aproximavam, paulatinamente, do monarca e da burocracia metropolitana (RAMINELLI, 2008, p. 7).

Companhia Editora Nacional, 1969. p. 38..

Na Ásia quinhentista, eram principalmente os serviços militares que costumavam ser recompensados com hábitos das ordens portuguesas – Ordem de Cristo, a mais importante, Ordem de Santiago e Ordem de Avis – e também cargos administrativos, devido às guerras de conquista. No Brasil tinha-se o costume de beneficiar os cronistas que se dedicavam a escrever sobre essa nova região.

Ainda segundo Raminelli, essas relações entre soberano e súdito ajudam a compreender a questão da centralidade de Portugal e suas possessões ultramarinas. Atuando de acordo com os interesses régios e por vontade própria, a fim de obter as sonhadas mercês (a hierarquia do Antigo Regime era estreitamente ligada aos privilégios recebidos), esses vassalos "ao mesmo tempo criavam elos com o rei e sua administração, viabilizando o governo à distância" (RAMINELLI, 2008, p. 20).

Isso passou a ocorrer, definitivamente, após a união das coroas portuguesa e espanhola, em 1580, quando o Brasil foi inserido de vez na política ibérica. É o caso, por exemplo, de Gabriel Soares de Sousa que, estando em Madri, compilou suas anotações sobre a América e entregou a um fidalgo português, que faria com que elas chegassem ao rei Filipe II. Entre as histórias relatadas em seu texto, pude encontrar uma que fala de esmeraldas, safiras e possivelmente ouro e prata, que ficaria entre 60 e 70 léguas em direção ao interior, subindo o rio Doce:

> Desta serra para a banda de leste pouco mais de uma légua está uma serra, que é quase toda de cristal muito fino, a qual cria em si muitas esmeraldas, e outras pedras azuis. Com estas informações que Sebastião Fernandes deu a Luís de Brito, sendo governador, mandou Antônio Dias Adorno, como já fica dito atrás, o qual achou ao pé desta serra, da banda do norte, as esmeraldas, e da de leste as safiras. Umas e outras nascem no cristal, de onde trouxeram muitas e algumas muito grandes, mas

todas baixas; mas presume-se que debaixo da terra as deve de haver finas, porque estas estavam à flor da terra. Em muitas partes achou esta gente pedras desacostumadas, de grande peso, que afirmam terem ouro e prata, do que não trouxeram amostras, por não poderem trazer mais que as primeiras e com trabalho; a qual gente se tornou para o mar pelo rio Grande abaixo, como já fica dito. E Antônio Dias Adorno, quando foi a estas pedras, as recolheu por terra, atravessando pelos tupinaés e por entre os tupinambás, e com uns e outros teve grandes encontros, e com muito trabalho e risco de sua pessoa chegou à Bahia e fazenda de Gabriel Soares de Sousa (SOUSA, 1587/1851, p. 88).

Assim, oferecendo seu texto e pedindo permissão para pôr em execução uma entrada para o interior em busca de tais riquezas, Soares de Sousa recebeu a mercê de Filipe II. Foi nomeado Capitão-mor e Governador da entrada e teve permissão de oferecer hábitos das ordens, mercês e outros benefícios para os que o acompanhassem (RAMINELLI, 2008, p. 38).

Como esse tipo de literatura era praticamente a única maneira de receber mercês em fins do séc. XVI e início do XVII, muitos súditos, como Soares de Sousa, se dedicaram a essa atividade em serviço ao rei e foram recompensados. O mesmo objetivo tivera Pero de Magalhães Gandavo, cronista que, em seu *Tratado da Terra do Brasil* (1570), relata caso bastante semelhante ao de Guillén, além de detalhar as capitanias, as tribos indígenas conhecidas, a fauna e a flora brasileira – todos assuntos de extremo interesse dos europeus, ávidos de conhecimento sobre o Novo Mundo. Narra o cronista:

A esta Capitania de Porto Seguro chegaram certos indios do Sertão a dar novas dumas pedras verdes que havia numa serra muitas lagoas pela terra dentro, e traziam algumas delas por amostra as quaes eram esmeraldas, mas não de muito preço. E os mesmos indios diziam que daquelas havia muitas, e que esta serra era mui formosa e resplandecente (GÂNDAVO, 1570, p. 18).

Se o *Tratado* demorou a ser publicado, outro texto seu, a *História da Província de Santa Cruz*, foi publicado em 1576 e Gandavo foi, no mesmo ano, nomeado para o cargo de Provedor da Fazenda da Capitania de Salvador (RAMINELLI, 2008, p. 35). Nesse texto, o autor chama a atenção para a proximidade entre o Peru e o Brasil, crença aceita por muitos colonos portugueses, e que os instigava a buscar, na América portuguesa, a prata encontrada pelos espanhóis.

É o que pode ser visto, por exemplo, nos relatos das aventuras do inglês Anthony Knivet, quando, em viagem pelo sertão brasileiro, afirmou ter encontrado a Serra Resplandecente. Ele diz que "quando vimos [Knivet e seus companheiros portugueses] as pepitas de ouro e essas pedras, calculamos estar muito próximos de Potosí"[7].

Dessa suposta proximidade teria surgido a lenda do *Sabaraboçu*, uma montanha com grandes quantidades de prata. Diferenciava-se da serra de esmeraldas que, curiosamente, receberia nome semelhante e se confundiria com a primeira. Holanda acredita que, na época que Gandavo escreveu seu texto, o nome *Sabarabuçu* (a grafia variava) já era utilizado para corresponder à "Serra Resplandecente", apesar de aparecer escrito

---

[7] "Knivet e seus companheiros pretendiam fazer o mesmo que os japoneses do navio de Cavendish: atravessar o continente até atingir as lendárias riquezas do Peru, no mar do Sul. (...) Cálculo muito de acordo com a geografia da época, em que o sertão de São Paulo juntava-se ao Peru, a terra das fabulosas riquezas minerais" KNIVET, A. (2008). *As incríveis aventuras e estranhos infortúnios de Anthony Knivet: memórias de um aventureiro inglês que em 1591 saiu de seu país com o pirata Thomas Cavendish e foi abandonado no Brasil, entre índios canibais e colonos selvagens.* Rio de Janeiro: Jorge Zahar Ed. (Original publicado em 1625), pp. 58-59..

pela primeira vez, segundo o autor, em 1601. Ele dá sua opinião sobre o surgimento do nome:

> De qualquer modo a explicação fornecida por Teodoro Sampaio, de que o nome "serra resplandecente" a que se referira Gandavo corresponde ao tupi Itaberaba e, no aumentativo, Itaberabaoçu, que sem dificuldade se corromperia em Taberaboçu e, finalmente, Sabarabuçu, tem sido geralmente acatada entre os historiadores e pode vir em abono dessa hipótese. Semelhante interpretação parece tanto mais aceitável, aliás, quanto uma das formas intermediárias possíveis, Tuberabuçu, ocorre nas Memórias Históricas de Monsenhor Pizarro, que a poderia ter derivado de fonte hoje perdida, ao lado da alternativa Sabrá-boçu[8].

Montanha de prata ou serra de esmeraldas, o Sabarabuçu instalou-se no imaginário colonial por séculos, sendo alvo de diversas entradas e intermediária para diversos pedidos de mercês por serviços à Coroa. Tentarei demonstrar, adiante, como a existência da Serra lendária e o roteiro para chegar a ela se mantiveram não só nesse imaginário ou nas cartas entre Coroa, Governo Geral e sertanistas, mas também de maneira visual na cartografia seiscentista.

---

[8] "Note-se entretanto que a tradução dada pelo mesmo autor à palavra Sabarabuçu não coincide com a explicação proposta por Teodoro Sampaio, pois diz que esse nome equivale a 'coisa felpuda'. É provável que tal significado Pizarro o tomasse a Cláudio Manuel da Costa, que no 'Fundamento Histórico' do seu poema *Vila Rica* se refere a Fernão Dias dizendo que fez entradas no 'Sabrá-buçu, que val o mesmo que *cousa felpuda,* e é uma serra de altura desmarcada, que está vizinha ao sumidouro, a qual chamam hoje comarca do Sabará'" Holanda, S. B. d., 1969, p. 37..

A CARTOGRAFIA DOS TEIXEIRA

A Carta da Capitania do Espírito Santo (Fig. 1) foi a primeira a trazer a Serra das Esmeraldas, que se encontra na parte superior esquerda. Pertence ao *Livro que dá Razão do Estado do Brasil*, de Diogo de Campos Moreno, completado com os mapas de João Teixeira Albernaz. Foi retirada do apógrafo existente no Instituto Histórico e Geográfico Brasileiro (IHGB), que é datado de 1626[9].

Albernaz era membro de uma tradicional família de cosmógrafos, a família Teixeira, e fez mapas entre as décadas de 1610 e 1650 (SANTOS, M. M. D. d., 2007, p. 52). Nesse período, produziu livros e atlas de notável qualidade artística da América portuguesa, com uma grande quantidade de mapas regionais – o volume do livro *Razão Estado do Brasil*, do IHGB, tem 22 mapas feitos com escrita e papel italianos (MORENO, 1955, p. 65), enquanto o *Atlas do Estado do Brasil* de 1631 tem 37 (COSTA, A. G., 2007, p. 96) –, destacando a costa brasileira.

---

[9] "Em 1941 restaurou o Serviço do Patrimônio Histórico e Artístico Nacional o códice do Instituto Histórico. Encadernando-o, nele não foi incluído o segundo título, que antes se achava solto, o que dizia: **Razão do Estado do Brasil no Governo do Norte, somente assim como o teve D. Diogo de Menezes e Siqueira, até o ano de 1612**" [grifo do autor] MORENO, D. d. C. *Livro que dá Razão do Estado do Brasil: 1612. Edição crítica, com introdução e notas de Helio Vianna*. Recife: Arquivo Público Estadual, 1955. p. 26..

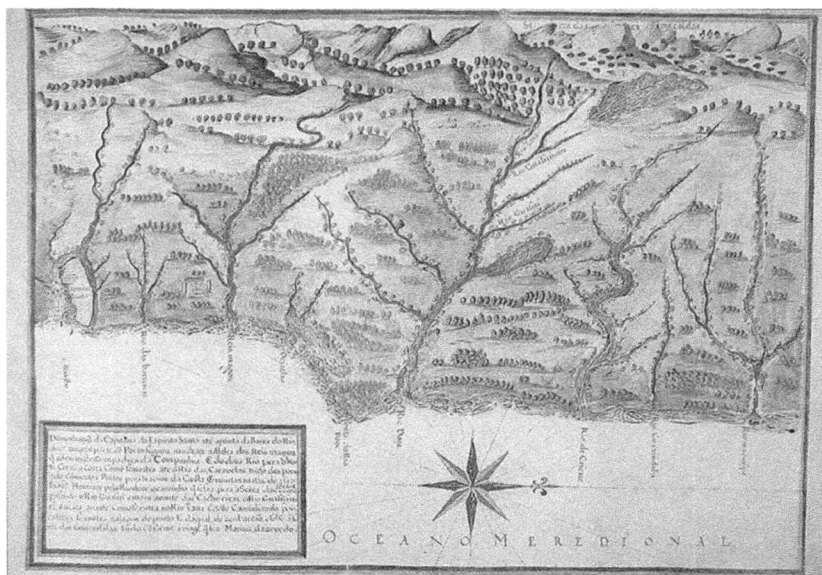

Figura 1 – [Carta da Capitania do Espírito Santo]. Autor: ALBERNAZ I, João Teixeira. In Livro que dá Razão do Estado do Brasil. Rio de Janeiro, 1626. Arquivo: Instituto Histórico e Geográfico Brasileiro. Dimensões 420x563mm.

Como cosmógrafo da Coroa portuguesa, suas principais obras foram feitas durante o período da União Ibérica, após conseguir a carta de ofício de mestre de cartas de marear e instrumentos náuticos, sob a patronagem dos reis Filipe II e III (HARLEY, 1989, p. 12) – respectivamente, Filipe III e IV da Espanha. Seu irmão, Pedro Teixeira, também teve suas obras financiadas pelos Filipes, tendo provavelmente vivido na Espanha nos últimos anos de sua vida (CORTESÃO, A. & MOTA, 1987, p. 85).

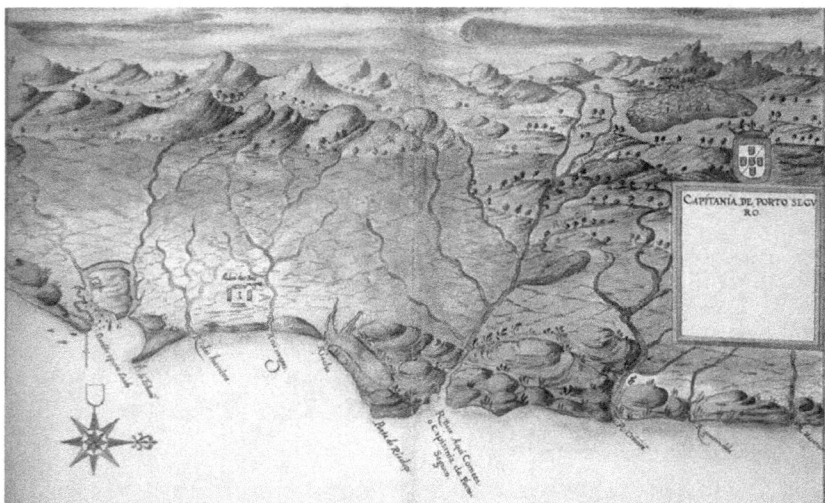

Figura 2 - Capitania de Porto Seguro. Autor: ALBERNAZ I, João Teixeira. In *Atlas Estado do Brasil coligido das mais sertas notícias que pode aiuntar D. jerônimo de Ataíde*. 1631. Arquivo: Mapoteca do Itamaraty, Rio de Janeiro.

Mapas também faziam parte, junto com cartas e relatórios, do tipo de material que era necessário ao núcleo administrativo ibérico para manutenção do império e, da mesma maneira, sua produção era recompensada com privilégios e mercês. Por exemplo, apenas três anos após receber a carta de ofício (o que ocorreu em 1602), João Teixeira foi nomeado cartógrafo da Casa da Guiné e Índia (CORTESÃO, A. & MOTA, 1987, p. 86). E uma maneira dos cosmógrafos receberem esses benefícios era dedicar suas cartas ao rei ou mesmo a nomes da alta nobreza, intermediários, que poderiam ajudá-los a se aproximar da realeza.

O exemplo mais óbvio do envolvimento entre a família Teixeira e a Coroa está no documento encontrado por Armando Cortesão e disponível no *Portugaliae Documenta Cartographica*. O documento fala de quando, em agosto 1619, tanto João como Pedro foram convocados a ir para Madri trabalhar em cartas hidrográficas que integrariam os dados do relatório da viagem dos irmãos Gonçalo Nodal e Bartolomeu Garcia Nodal para reconhecimento das regiões no sul da América, mais especificamente, o Estreito de Magalhães e São Vicente (MORENO, 1955, p. 80). Por ter deixado sua família e seu ofício na Casa da Guiné em Lisboa, João Teixeira pediu autorização para retornar a Portugal apenas um mês depois, ficando seu irmão para concluir o trabalho.

Principalmente durante a União Ibérica, os cartógrafos e a produção de mapas se tornaram elementos essenciais para o controle dos territórios coloniais. De acordo com Raminelli, "somente por meio de mapas e atlas, o império deixava de ser algo distante e desconhecido para se tornar visível e controlável" (RAMINELLI, 2008, p. 26). A visualização dessas terras e mares distantes facilitava as navegações posteriores e o planejamento estratégico das nações europeias, apresentando em um único lugar, informações recolhidas durante diversas viagens ao ultramar.

O *Livro que dá Razão do Estado do Brasil*, assim como a maioria dos mapas dos cosmógrafos portugueses no período, divulgava informações e dados da colônia, mas limitavam-se à Casa da Guiné e de lá saíam apenas em cópias feitas secretamente[10]. Seu objetivo inicial era registrar as despesas da Coroa em suas diversas capitanias durante o governo geral de Gaspar de Souza, no qual seria substituído em 1616 pela *Folha Geral* do reino (MORENO, 1955, p. 9).

Os mapas que o acompanham ilustram o texto creditado a Diogo de Campos Moreno. Apresentavam dados políticos e econômicos das regiões, projetos futuros a serem discutidos, dados esses que procuravam corresponder às necessidades e interesses do Estado. Tornavam-se, assim, verdadeiros instrumentos da gestão

---

[10] Porém, Alpers afirma que na Holanda era comum encontrar mapas mesmo nas paredes de sapateiros e alfaiates, que viam neles uma maneira de conhecer o mundo. É importante destacar que a autora não se refere a mapas impressos, mas a manuscritos de marinheiros, o que nos permite acreditar que, em Portugal, alguns mapas do Brasil tivessem a mesma abrangência ALPERS, S. *A arte de descrever: a arte holandesa no século XVII*. São Paulo: Universidade de São Paulo, 1999. p. 303..

imperial, que dependia desses conjuntos de mapas para administração de territórios distantes da Coroa.

Observando esses elementos na cartografia de João Teixeira Albernaz, é possível ver claramente a localização da Vila de Vitória, na ilha à esquerda, e também da Aldeia e Colégio jesuíta de Reis Magos. Essas são, porém, as únicas representações de habitação nos mapas da Capitania feitas pelo cosmógrafo e não correspondem à situação do Espírito Santo no século XVII. Os outros topônimos presentes registram ilhas, rios e riachos no litoral.

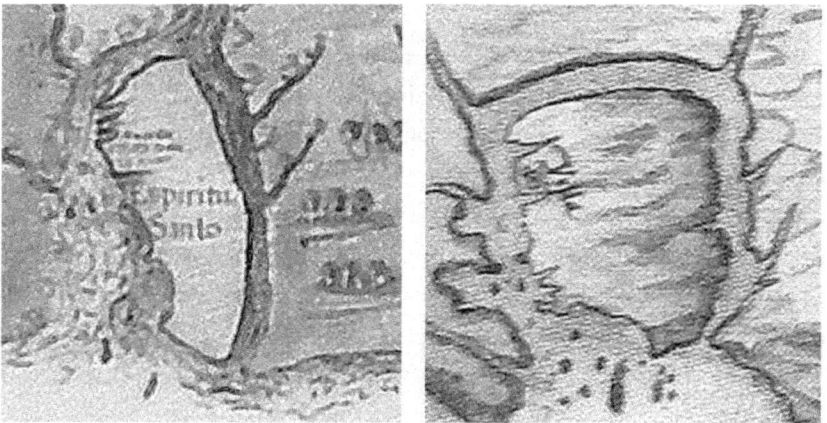

Figura 3 - Proximidades da Vila de Vitória nos mapas de 1626 e 1631.

Primeira povoação de portugueses no Espírito Santo, a vila homônima, fundada em 1535, deixou de ser sede da Capitania poucos anos depois, com a fundação de Vitória, provavelmente em março de 1550[11]. A Vila aparece em mapa mais detalhado da

---

[11] "De 1550 é o predicamento de vila dado à povoação, que tomou o nome de vila da Vitória. Tal fato teria ocorrido antes de três de março daquele milésimo, pois dessa data existe uma provisão passada por Antônio Cardoso de Barros, 'Provedor-mor da Fazenda de El-Rei Nosso Senhor nestas partes do Brasil', onde se lê: 'Faço saber aos que esta virem, que por nesta Villa da Victoria Provincia do Espirito Santo Capitania de Vasco Fernandes Coutinho...' " Oliveira, J. T. d., 2008, p. 66..

Baía do Espírito Santo, também presente no Atlas do Brasil, de 1631. A legenda, encimada por um brasão incompleto, é "Capitania do Espírito Santo", apesar de se limitar a apenas parte dela (seu território aparece, em maior parte, na carta da Capitania de Porto Seguro).

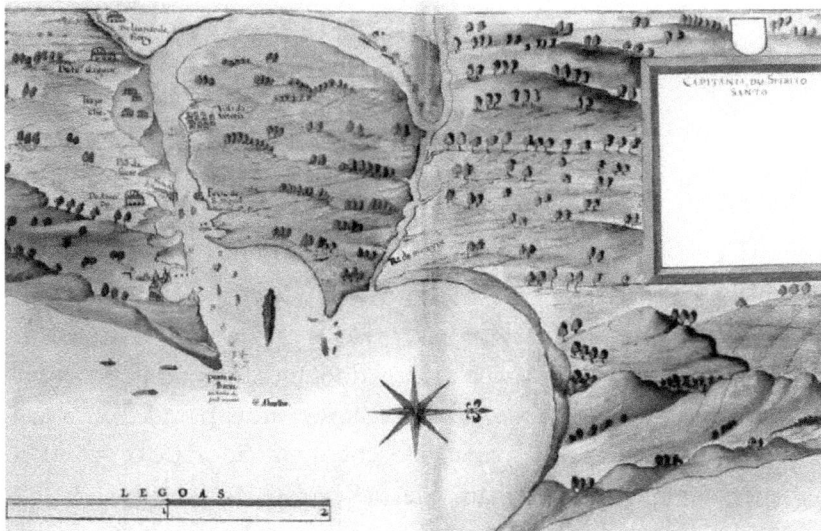

Figura 4 - Capitania do Espírito Santo. Autor: ALBERNAZ I, João Teixeira. In *Atlas Estado do Brasil coligido das mais sertas notícias que pode aiuntar D. jerônimo de Ataíde*. 1631. Arquivo: Mapoteca do Itamaraty, Rio de Janeiro.

À esquerda, é possível ver uma série de construções que vão desde a margem superior até o litoral, tanto no continente quanto na ilha, culminando na Vila Velha. Logo abaixo, há uma escala de léguas[12]. Apesar de haver registro de oito engenhos nas

_____

[12] Utilizavam-se em Portugal, no período Moderno, medidas baseadas em partes do corpo, como polegadas, passos e palmos. As léguas, entretanto, tinham um valor que representava o espaço que um homem caminhava durante certo período de tempo. Esse período do tempo variava e, consequentemente, também a extensão da légua, fazendo com que cosmógrafos hesitassem em inseri-las nos mapas, como representação de escala SANTOS, M. M. D. d. (2007). Técnicas e Elementos da Cartografia da América Portuguesa e do Brasil Império *Roteiro Prático de Cartografia: da*

proximidades das duas vilas (OLIVEIRA, 2008, p. 147), apenas três podem ser identificados no mapa. Segundo o autor capixaba Mário Aristides Freire,

> Um velho mapa da costa do Espírito Santo, em 1631, acusa um engenho pouco antes do "Pão de Açúcar" (o "Penedo"), designado como do Azeredo; adiante o forte de São Marcos; do lado oposto, o de São Miguel. Figuram ainda quatro trapiches (engenhos de bois), em frente à vila de Vitória; e, na embocadura do atual [rio] Santa Maria, dois engenhos: o da direita de Francisco de Aguiar, e o da esquerda de Leonardo Fróes (FREIRE, 1941, p. 119).

Para a coleta de todos esses dados utilizava-se relatórios de viagens, textos de cronistas e outros documentos que detalhassem informações do local. Esses dados eram levados para a Europa. E "especialmente onde os mapas são encomendados pelo governo" ou mesmo quando derivam dessa cartografia de Estado, "é possível ver como eles estendem e reforçam os estatutos legais, imperativos territoriais, e valores decorrentes do exercício do poder político" (HARLEY, 1989, p. 12).

Em Portugal, antes ou depois da União, não houve uma estratégia semelhante à espanhola em termos de tamanho e organização. A Coroa portuguesa manteve seu império unido com a administração dos privilégios e mercês oferecidos aos súditos que agiam em seu nome. A Espanha utilizaria esse processo, junto com a produção cartográfica, para criar os vínculos que garantiam a existência do império ultramarino.

Um bom exemplo é o do próprio Pedro Teixeira. O cosmógrafo, em 1630, foi designado a viajar pelo Rio Amazonas a fim de redescobrir o caminho de sua foz ao Peru, além de

---

América Portuguesa ao Brasil Império (pp. 51-81). Belo Horizonte: UFMG. p. 70. .

cartografar a região. Para a coleta de dados, foi acompanhado em sua viagem de volta pelo jesuíta Cristóbal Acuña – ambos produziram relatório escrito da expedição (RAMINELLI, 2008, p. 52). Foi a partir dessa viagem e dos relatos coletados que se iniciou o processo de ocupação da bacia do Amazonas, o que demonstra o valor do resultado da expedição.

A recompensa imediata de Teixeira foi receber o cargo de Capitão-mor da Capitania do Pará, após chegar ao litoral, apesar de falecer "em junho de 1641, sem receber privilégios à altura de seus feitos" (RAMINELLI, 2008, p. 53). Além disso, os relatório produzidos tornaram-se inconvenientes para a Coroa espanhola após o fim da união com Portugal em 1640, por indicar aos portugueses, agora separados, o caminho para a região mais rica da América espanhola.

FORMAÇÃO DO TERRITÓRIO DO ESPÍRITO SANTO

As obras de Albernaz, então, são resultado de um conjunto de diversas fontes de informação reunidas, muitas vezes em rascunhos feitos não só por artistas, mas viajantes (BUENO, 2007, p. 39): pilotos, jesuítas ou mesmo oficiais, como Diogo de Campos Moreno, e leigos, como o sertanista Marcos de Azeredo. Os cosmógrafos em seus gabinetes e oficinas utilizavam cuidadosos relatos ou mesmo antigos mapas da região (MORENO, 1955, p. 193).

Os mapas, apresentam considerável quantidade de detalhes sobre habitações, destacando vilas, colégios jesuítas e fortificações, além de montes, normalmente no interior, simbolizando as serras, vegetação, rios, etc. De acordo com Hélio Vianna, "as minúcias, naqueles mapas e plantas contidas, inclusive sondagens da costa, exigiram conhecimento direto, pessoal, para que pudessem ser reproduzidas como foram" (MORENO, 1955, p. 71).

Os dados poderiam ser retirados também de antigas obras, como os topônimos das cartas de Luís Teixeira, pai de João Teixeira Albernaz, para o complemento de dados (MORENO, 1955, p. 72). O mapa concluído não representava o mundo em um momento único, mas um "mosaico de traçados cuja cronologia pode se estender por vários séculos, tudo reunido num espaço flutuante" (LESTRINGANT, 2009, p. 198).

Albernaz era responsável por refazer os esboços para, depois, finalizar o desenho dos mapas, tornando-os parte de um todo, um atlas ou um livro, no qual o mapa viria acompanhado de algum texto explicativo das informações ali presentes, muitas vezes escrito a partir dos dados fornecidos pelos viajantes.

Boa parte desses relatos, principalmente até meados do século XVII, limitavam-se a descrever o litoral da América portuguesa. Na verdade, de acordo com Glória Kok, em *Vestígios indígenas na cartografia do sertão da América Portuguesa* (2009, p. 92), o território brasileiro foi algo praticamente desconhecido dos europeus durante os três primeiros séculos de colonização, atuando apenas como território de circulação das tribos indígenas. Assim, "a arte do cosmógrafo recorreu por necessidade a materiais díspares, muito frequentemente de humilde extração, e deixou o campo livre à astúcia inventiva do manipulador"(LESTRINGANT, 2009, p. 191).

Muitos mapas utilizavam elementos figurativos, como nas florestas e nos cursos dos rios que ocupavam o sertão de maneira imaginativa. De acordo com Frank Lestringant, ao analisar o cosmógrafo francês André Thevet, "pintam-se não só as terras efetivamente reconhecidas mas também as que restam a descobrir" (LESTRINGANT, 2009, p. 198). O interior do Brasil não poderia ser retratado de maneira adequada. Foi retratado, então, para corresponder ao que o autor afirma em seguida: "a cosmografia tem horror ao vazio".

Os sertanistas começaram aos poucos a desvendar esse vazio e, a partir de seus roteiros de viagens, a colaborar com a retratação do interior brasileiro na cartografia do século seguinte. No Espírito Santo, as primeiras expedições para o interior foram realizadas ainda por Vasco Fernandes Coutinho em 1535. Em viagem que levou o donatário e seus companheiros para o norte, teriam chegado à região onde posteriormente estabeleceu-se uma missão jesuíta e em que hoje se encontra a cidade de Serra (DAEMON, 2010, pp. 56-57).

Aparentemente as primeiras viagens eram apenas para reconhecimento de territórios próximos e não tiveram sequer combates com os nativos. Na virada do século, por outro lado, ganharam destaque as buscas por minerais. Ainda nessa região, em 1601, Francisco de Souza, Governador Geral do Brasil, junto com o mineralogista holandês Wilhelm Glimmer[13], fez buscas no Mestre Álvaro (também em Serra-ES), monte que pode ser visto do mar e identificava o litoral da capitania (FREIRE, 1941, p. 55).

Apesar de alguns colonos se aventurarem pela região sul do Espírito Santo, na região dos rios Itapemirim e Benevente, a maior parte deles foi atraída a desvendar os caminhos do rio Doce, ao norte. De acordo com Holanda, os sertanistas que partiam de Porto Seguro no século XVI, viram-se obrigados a utilizar o rio Doce para suas entradas no século seguinte enquanto no rio São Francisco os nativos tornavam essas viagens impossíveis (1969, p. 49).

A região do rio Doce – e, na verdade, todo o sertão da Capitania do Espírito Santo até o início do século XIX – também ficou conhecida pela presença de nativos não muito favoráveis ao contato com os portugueses (PRADO JÚNIOR, 2007, p. 50). Porém, os jesuítas conseguiram estabelecer relações pacíficas com os Aimorés ainda no início dos Seiscentos e faziam descidas de índios para o litoral, contribuindo para o povoamento dessa região de baixo número de colonos (MIRANDA, 2009, p. 49).

---

[13] Glimmer, como visto no capítulo seguinte, também fez uma viagem, junto a sertanistas paulistas, em busca do Sabarabuçu.

A preocupação portuguesa com o despovoamento do litoral e possível perda deste para outras nações europeias gerou diversas proibições para viagens às regiões desconhecidas terra a dentro, exceto para quem recebesse permissão para isso[14]. Evitavam-se, assim, maiores conflitos com os nativos e incentivava-se o desenvolvimento das povoações costeiras.

As entradas oficiais, entretanto, nunca deixaram de ser realizadas. De extrema relevância para a realização das expedições sertanistas era a utilização dos caminhos que os próprios índios abriam para se movimentarem pela floresta. Essas "rudimentares veredas indígenas" (KOK, 2009, pp. 93-94) eram utilizadas por tribos para manterem contato e muitas vezes acompanhavam os trajetos dos rios, ou atravessavam áreas que possibilitavam o sustento do viajante, mas não demarcavam um trajeto específico, apenas marcações em árvores e galhos, e muitas vezes estes caminhos eram refeitos.

Essas marcações nos troncos ou nos galhos quebrados das árvores, eram conhecidas de diversas tribos em toda a América. Elas foram incorporadas pelos sertanistas, os quais, além dessas, utilizavam outras marcações nos seus caminhos, como cruzes e pedras, com algum tipo de inscrição indicativa da direção correta.

A transmissão dessa sabedoria indígena forneceu importantes informações sobre o território americano, desde os caminhos percorridos pelos rios até os morros e suas

---

[14] "No regimento do primeiro governador-geral do Brasil, Tomé de Sousa, estipula-se, expressamente, que pela terra firme adentro não vá tratar pessoa alguma sem licença especial do governador ou do provedor-mor da fazenda real, acrescentando-se ainda que tal licença não se dará, senão a pessoa que possa ir 'a bom recado e que de sua ida e tratos se não seguirá prejuízo algum, nem isso mesmo irão de huas capitanias para outras poe terra sem licença dos ditos capitães ou provedores posto que seja por terras que estãm de paz para evitar alguns enconvenientes que se disse seguem sob pena de ser açoutado sendo pião e sendo de moor calidade pagará vinte cruzados a metade para os cautivos e a outra metade para quem o accusar'" HOLANDA, S. B. d. *Raízes do Brasil*. São Paulo: Companhia das Letras, 1995. p. 100..

características. O conhecimento da topografia e geografia brasileiras permitiu aos colonos definir para os portugueses o que Claude Lévi-Strauss chama de cartografia indígena, "um acervo de informações espaciais, construído pela memória e enraizado, principalmente, nos sentidos" (LÉVI-STRAUSS, 1997, p. 92).

Esta cartografia indígena, passada oral e gestualmente pela tradição, foi essencial para o desvendamento do até então desconhecido sertão. Serviu de fonte para o registro detalhado da cartografia portuguesa, que relataria esses dados para a localização de rios, lagoas, morros e serras no interior, além das povoações indígenas e seus territórios, principalmente ao redor dos povoamentos dos colonos.

Os dados, compilados para serem utilizados na cartografia seiscentista, necessitavam ainda de informações astronômicas – como latitude e longitude – para que suas representações fizessem sentido cartograficamente. Além das rosas-dos-ventos, que indicavam os pontos cardeais, os mapas da *Razão do Estado do Brasil* trazem linhas de rumos que são traçadas a partir delas e que não teriam sentido artístico, mas prático: "longe da geografia de gabinete, eles são destinados ao bom piloto" (LESTRINGANT, 2009, p. 196). Pelo mesmo motivo de ajudar os pilotos a traçarem seus rumos e manterem a direção, as rosas-dos-ventos apresentam meridianos magnéticos ao invés de geográficos.

Em alguns casos, as linhas de rumo não partem da rosa-dos-ventos, mas de um ponto em terra. É o caso da *Demonstração do Espírito Santo*, feita por João Teixeira Albernaz, o Novo, em 1666. Esses marcos, que se assemelham aos *padrões* litorâneos[15], definem uma coordenada de referência a partir da qual se poderiam fixar rotas.

---

[15] "Fixando grandes marcos sobre promontórios visíveis a partir do oceano, os portugueses também registravam a extensão exata de sua realização passada e forneciam um potencial ponto de referência para futuras expedições" SEED, P. *Cerimônias de posse na conquista europeia do novo mundo (1492-1640)*. São Paulo: UNESP, 1999. p. 172..

Os portulanos[16] que representam o Brasil focam-se principalmente no litoral e apresentam dados relevantes para a navegação costeira. Não se limitavam às imagens, também utilizavam descrições literárias, pois "são roteiros e descrições de rotas marítimas que continuam a ser indispensáveis para a navegação" (MAGALHÃES, J. R., 2009, p. 79), além de apresentarem, muitas vezes, dados da região interior, como nos casos das cartas da Capitania do Espírito Santo, que traziam o roteiro para a Serra das Esmeraldas.

---

[16] "Um outro tipo de mapa produzido no período medieval, originalmente desligado do aspecto religioso, foram as cartas portulanos, uma contrapartida gráfica "moderna" dos antigos périplos, aqueles itinerários escritos pelos marinheiros da época clássica e elaborados a partir das observações feitas ao longo das costas navegadas. Não eram as cartas ptolomaicas, pois não tinham um sistema de coordenadas latitudinais e longitudinais, mas sim uma rede de loxodromas (linhas de rumo) como uma rosa-dos-ventos. Muito práticas, elas eram usadas como cartas de navegação e eram melhoradas através das informações obtidas dos diários de bordo e da determinação de distâncias e posições através da leitura da bússola" CARVALHO, M. S. d. (2011). O pensamento geográfico medieval e renascentista no ciberespaço. *História do Pensamento Geográfico.* Disponível em: www.geocities.ws/pensamentobr/medievalciber.pdf. p. 3..

Figura 5 - Demonstração do Espírito Santo. Autor: ALBERNAZ II, João Teixeira. In *Livro de toda a Costa da provincia santa crvz*. 1666. Arquivo: Ministério das Relações Exteriores, Brasil.

Como alguns elementos cartográficos podem não ter um sentido visual distinto, dependendo do sentido que seu autor define, o conteúdo dos cartuchos – onde se encontram títulos, legendas e descrições dos mapas, importantes para a total compreensão de seus conteúdos – pretendia tornar essas informações inteligíveis para os usuários (SANTOS, M. M. D. d., 2007, pp. 55-58). É o que Márcia Santos chama de *signo-sinal*, e que pode ser identificado com as letras maiúsculas, presentes no mapa de 1626: eles precisam de mais informação para terem seu sentido reconhecido.

No mapa *Capitania de Porto Seguro*, o cartucho apresenta apenas o título, encimado pelo escudo de Portugal, acompanhado de uma coroa[17]. Sua borda é simples, sem exuberância, e é feita de três linhas preenchidas na mesma coloração utilizada no mapa.

---

[17] "Na sóbria cartografia dos atlas da América portuguesa dos Seiscentos, dos cosmógrafos da família Albernaz, a maioria dos elementos figurativos, os que chamam a atenção pelo seu apelo decorativo, não faz referência ao

Por outro lado, na *Carta da Capitania do Espírito Santo*, de borda simples e sem grandes ornamentos, não é possível encontrar o escudo português no cartucho. Além disso, não há um título, apenas a descrição do mapa que, inclusive, fala da Serra das Esmeraldas. Há também um primeiro exemplo dos *signos-sinais* quando o autor do mapa cita a lagoa presente num ponto denominado *E*, utilizando-se da letra para melhor identificação.

A partir da conjunção dos conhecimentos territoriais e cartográficos indígenas com as técnicas de representação cartográficas europeias, foi possível estabelecer-se um roteiro para a Serra lendária. Como visto, ela está presente nas cartas de João Teixeira Albernaz. Esse roteiro, assim como o movimento sertanista que o utilizou para buscar as esmeraldas, é bastante interessante, pois simboliza os esforços dos colonos portugueses na busca das riquezas brasileiras. Por esse motivo, será estudado mais cuidadosamente a seguir.

O SERTANISMO EM BUSCA DO IMAGINÁRIO

Comentei acima que a descrição do mapa da Capitania do Espírito Santo presente no livro *Razão do Estado do Brasil* fala sobre a Serra das Esmeraldas. Coloco, a seguir, a descrição em linguagem atual desta mesma legenda:

> Demonstração da capitania do Espírito Santo, até a
> ponta da barra do rio Doce, no qual parte com Porto

---

incomum ou simplesmente novo do *novo mundo* representado. Eles correspondem, entre outros, aos emblemas heráldicos que são empregados para indicar conceitos como poder, posse ou possessão. Assim, os brasões indicam, nas representações da América, os domínios territoriais de Portugal ou de Castela e, nas de partes da América portuguesa, a posse da área por donatários ou a retomada da donataria pela Coroa, como se destaca nas pranchas do Atlas *Estado do Brasil...*, de 1631, de João Teixeira Albernaz, o Velho" Santos, M. M. D. d., 2007, pp. 58-59..

Seguro. Mostra-se a aldeia dos Reis Magos, que administram os padres da Companhia. E do dito rio para o norte corre a costa como se mostra, até o rio das Caravelas, tudo despovoado, com muitos portos para navios da costa e muitas matas de pau-brasil. Mostra-se pelo rio Doce o caminho que se faz para a serra das Esmeraldas, passando o Rio Guasisi, e mais avante das cachoeiras o rio Guasisi-mirim; e mais avante como se entra no rio Uma e dele caminhando pouca terra entra-se na lagoa do ponto E, da qual desembarcam e sobem a serra das Esmeraldas, tudo conforme a viagem que fez Marcos de Azevedo (MORENO, 1955, p. 81).

O roteiro é creditado a Marcos de Azeredo, então morador da Capitania do Espírito Santo. Serafim Leite, analisando o caso, afirma que ele encontrou as pedras verdes no ano de 1611 (1945, pp. 185-186). Utilizo aqui os textos dos cronistas dos Seiscentos para ter ideia do conhecimento que os colonos tinham, no Brasil, das esmeraldas e das viagens em sua busca.

Sobre como foi feita essa descoberta, o autor da *Informação das Minas do Brasil* – escrito na virada do século XVII para o XVIII –, declara que

> Por beneficio de amizade que teue com hum Indio natural destas serras Marcos de Azeredo alcançou noticia destas esmeraldas, e guiado delle seguro na amizade escuteiro se dispôs a fazella e desembarasado das demoras, que hoje fazem as embarcaçõeis com q' se intenta effectiuam.te guiado em breves dias a conseguio, confessando porem que na emencidade das ultimas serras esteve o guia perplexo na serteza, e demoroso na segurança, que como natural conseguio facilm.te o desembaraçoso guiandoo a serra destas esmeraldas ("Informação sobre as minas do Brasil," 1939, p. 167).

O fato de ele ter ido sozinho, acompanhado apenas de um nativo, é tido como motivo para que ele chegasse ao local da Serra sem grandes dificuldades, o que não ocorre nas grandes expedições que o seguem. Assim, Marcos está entre os primeiros sertanistas a encontrar as pedras verdes no interior do Brasil seiscentista: mostrei, no início do capítulo, como Filipe Guillén, Pero de Magalhães Gandavo, Gabriel Soares de Sousa e Anthony Knivet foram os primeiros a relatar a chegada de nativos ou exploradores do interior trazendo ou relatando as pedras verdes no sertão da América portuguesa.

Soares de Sousa apresenta a informação de que o governador geral teria enviado Antônio Dias Adorno na década de 1570, após os relatos da expedição de Sebastião Fernandes Tourinho, atrás das esmeraldas em uma serra próxima às origens do rio Doce, da mesma maneira que Azeredo. Outro aventureiro que realizou o mesmo roteiro foi Diogo Martins Cão (LAMEGO, 1920, p. 469). O último, realizando entrada em 1596 por ordem do governador D. Francisco de Sousa, passou dois anos no sertão sem encontrar as esmeraldas (MAGALHÃES, B. d., 1935, p. 62).

O rio Doce era, portanto, a principal via de acesso às regiões das esmeraldas, utilizado desde Tourinho até Fernão Dias com o mesmo objetivo. O padre jesuíta Jacome Monteiro, em sua *Relação da Província do Brasil,* afirma em 1610 que um outro jesuíta já havia ido até as esmeraldas. Além disso, relata que nessa época, os Tapuias e os Aimorés que habitavam a região já eram considerados pacíficos, dando a entender que não atrapalhavam os viajantes que utilizavam o rio (OLIVEIRA, 2008, p. 147).

Monteiro defendeu a veracidade do relato de seu companheiro inaciano por ter recebido ele mesmo um cristal, dentro do qual haviam "diamantes verdes e mui fermosos". Relato semelhante é o de Gabriel Soares algumas décadas antes, dizendo que as esmeraldas e safiras encontradas cresciam dentro de cristais. Anthony Knivet, um pouco diferente, diz ter encontrado tanto cristais brancos como verdes, azuis e vermelhas, além de pepitas de ouro "amarradas a linhas com as quais os índios costumam pescar" (KNIVET, 1625/2008, pp. 58-59).

No caso de Marcos de Azeredo, Brandonio, personagem do *Diálogo das Grandezas do Brasil*, diz que ele "trouxe grande cópia de pedras que no princípio se tiveram por perfeitas, mas depois se acharam faltas de muitas qualidades que deviam ter para serem verdadeiras esmeraldas" (BRANDÃO, 1956, p. 34). Realmente, segundo Taunay, após viajar ao reino e apresenta-las aos lapidários do Rei, Azeredo foi informado de que suas pedras eram de baixo valor e que, no mesmo local, mais fundo, encontraria boas esmeraldas, o que animou a Coroa (TAUNAY, 1924, pp. 248-249).

Frei Vicente de Salvador, escrevendo alguns anos mais tarde (1627, p. 11), informa que Marcos seria agraciado com um hábito da Ordem de Cristo, recebendo dois mil cruzados, mas, segundo o cronista, tal mercê não teria sido cumprida pela desobediência dos súditos do rei, a qual ele relata em seu texto.

Entretanto, há uma tença[18] a Marcos de Azeredo entre os encargos da Capitania do Espírito Santo no alvará régio de 10 de junho de 1617, de onde conclui que ele recebera, sim, o hábito[19]. Azeredo recebia o valor de 40$000, correspondendo a 3% de toda a despesa da capitania. O recebimento do hábito teria acontecido mesmo com uma possível ascendência judaica sua[20], que deveria lhe impossibilitar o recebimento dessa mercê[21].

---

[18] "ou seja um rendimento, incorporando-se dentro da estrutura política colonial como nobre vassalo do rei de Portugal" MEDEIROS, R. P. d. (2001). *Capa, espada, hábito e tença: concessão de títulos nobiliárquicos às lideranças indígenas na luta contra invasores estrangeiros na América portuguesa*. Lisboa, p. 2..

[19] "E asy se pagarão a Marcos de Azevedo quarenta mil reis que tem de tença por Provizão minha como Habito de Christo como certidão de como hé vivo" Registro da Folha Geral do Estado do Brasil. (1906). *Anais da Biblioteca Nacional do Rio de Janeiro*, pp. 362-363..

[20] "Para não retroceder muito, partiremos dos Godins de Brito e dos Mendes da Fonseca Coutinho, de quem procediam os que vieram para cá, pelo lado materno, ou seja de Inês Gonçalves da Fonseca, que supomos de linhagem cristã-nova. Seu neto, Lansarote de Azeredo, casou com Isabel Dias Sodré,

Além do hábito, porém, Marcos teria outras fontes de renda e uma posição de destaque no Espírito Santo. No mapa da baía de Vitória, Azeredo possuía um engenho, que estava entre os maiores produtores de açúcar da capitania[22]. Além disso, em algum momento depois de sua entrada foi nomeado Provedor da Fazenda (RIBEIRO, 2010, p. 7). Como mostrei antes, o tipo de serviço prestado por ele à Coroa era comumente recompensado com mercês e privilégios. Assim, percebe-se que Azeredo conseguiu se estabelecer em uma boa posição na Capitania do Espírito Santo. Pelo menos até boatos sobre descaminhos das

---

que também parece pertencer à linhagem, e destes nasceram Miguel e Marcos que vieram para o Espírito Santo, tendo ambos se casado com mulheres bastardas. A de Marcos era filha de Vasco Fernandes Coutinho [Donatário da Capitania do Espírito Santo] e de Ana Vaz de Almada, e tiveram Belchior de Azeredo Coutinho, Domingos de Azeredo Coutinho e Antônio de Azeredo Coutinho. Nota-se que os três casaram com pessoa de origem israelita: aquele, com Antônia de Gouveia, filha de Miguel Gomes Bravo; o segundo, com Da. Antônia, da família Tenreiro e o último com Maria de Galegos, descendente dos judeus Pedro de Galegos e Apolônia Ximenes. Todos deixaram numerosa descendência, gente da maior projeção nas Capitanias do Sul, e em particular no Rio de Janeiro" SALVADOR, J. G. *Os cristãos novos: povoamento e conquista do solo brasileiro, 1530-1680*. São Paulo: Pioneira: EDUSP, 1976. p. 124..

[21] "Para ser cavaleiro da Ordem de Cristo, ordem militar de maior prestígio em Portugal, o suplicante não deveria ter defeito mecânico, ou melhor, seus pais e avós não poderiam desempenhar funções manuais; nem possuir sangue infecto, seus antepassados deveriam ser cristãos, sem procedência judia, moura ou de qualquer outra "raça" RAMINELLI, R. *Viagens Ultramarinas: Monarcas, vassalos e governo a distância*. São Paulo: Alameda, 2008. p. 53..

[22] "As atividades que visavam à exploração do açúcar desenvolveram-se em áreas pontuais da capitania. Apenas o engenho Nossa Senhora da Paz, de propriedade do cristão-novo Marcos Fernandes Monsanto, localizado a algumas léguas da povoação de Guarapari, exportou 2.547 arrobas em 1617. Nesse mesmo ano, a exploração do engenho de Marcos de Azeredo foi de 3.763 arrobas" SANTOS NEVES, L. G. (2003). O comércio exterior no Espírito Santo até meados do século XX. *Revista do Instituto Histórico e Geográfico do Espírito Santo, 57*, p. 62..

rendas da Alfândega gerarem uma devassa que o teria levado à prisão.

Não se sabe como e onde morreu (supõe-se que entre 1618 e 19, na prisão), mas declara-se, em documento de 1636, que não voltou a encontrar a Serra (BIBLIOTECA NACIONAL, 1930a, p. 386). Seu roteiro, porém, foi seguido por diversos sertanistas, inclusive o próprio Fernão Dias que, em sua última expedição, disse em carta ter encontrado algumas ferramentas, atribuindo-as a Marcos de Azeredo (FREIRE, 2006, p. 144).

Cosmógrafos costumavam formular os seus mapas através dos relatos de pessoas que tinham estado nos lugares retratados em suas pinturas. Para esses mapas, a historiografia reconhece que João Teixeira Albernaz teria recebido informações diretas de Diogo de Campos Moreno na feitura das obras, seja em anotações, rascunhos ou esboços (MORENO, 1955, p. 71). Porém, como Moreno, ou mesmo Albernaz, conseguiu as informações sobre o roteiro que levava para a Serra das Esmeraldas, feito por Marcos de Azeredo?

Hélio Vianna, além de chamar atenção para o fato de que somente na *Razão do Brasil* estava cartograficamente documentada a "história do descobrimento das esmeraldas", cita as cartas do Rei para Gaspar de Sousa, Governador Geral do Brasil entre 1612 e 1617, para comprovar a existência de "abundantes provas da permanência, então [1613], na Europa, tanto de Marcos de Azevedo como de Diogo de Campos", onde estiveram tratando de negócios na Corte. Esse fato faz Vianna concluir que não é, "portanto, improvável a hipótese de que teria o primeiro oferecido ao segundo, pessoalmente, as informações roteirísticas contidas naquela legenda cartográfica" (MORENO, 1955, pp. 81-82).

Apesar da hipótese e dos documentos levantados pelo autor, a troca de informações entre Moreno e Azeredo permanece apenas provável. Pelo mesmo motivo, o próprio roteiro foi posto em dúvida por não ser possível identificar adequadamente os rios aos quais ele se refere. A não ser o rio Doce, que mantém ainda hoje essa denominação, tanto Gasisi, quanto Guasisi-mirim e Uma são nomes que não permaneceram.

No texto da *Razão do Estado do Brasil*, o roteiro aparece melhor descrito por Diogo de Campos Moreno, trazendo outros *signos-sinais*, além da letra *E* já destacada na descrição, para identificar o caminho para as esmeraldas. O autor descreve a viagem de maneira detalhada, sendo seu texto acompanhado de maneira incompleta pelos mapas dos três apógrafos do livro[23].

A versão do livro aqui estudada, assim como as outras existentes, é um apógrafo do original de 1612, e não parece possível definir se as letras (signos) que aparecem tanto no texto quanto na cartografia surgiram primeiro em um ou outro, mas é possível que o autor do livro tenha identificado esses pontos em um rascunho e fornecido a Albernaz.

No livro do IHGB, o ponto *A* indica a foz do rio Doce, seguido pelo ponto *B*, que é denominado "O Riacho". Também no litoral está o ponto *C*, que demarca uma lagoa, completando, em ordem alfabética, os pontos de início da jornada para o interior[24].

---

[23] "São famosos estes rios pelas terras e várzeas para fazendas que nelas se descobrem e pelo muito que ao sertão se metem, abundantes de caças e pescarias, e sobretudo pelo muito pau-brasil fino que entre seus matos e madeiras se acha e pelas entradas que com facilidade por qualquer deles se fazem ao sertão, pelo rio Doce particularmente para a serra das Esmeraldas, como se vê no ponto A, fol. [no códice do Porto indica, no texto, sua colocação "fol. 17"], suposto que a barra deste rio de nenhum modo pode ser acometida em nenhum tempo, por ser baixa e de alfaques [Bancos de areia movediça], que se mudam, e por ter ordinárias aguagens, que descem de cima e lançam a água doce pelo mar a dentro mais de duas léguas, e assim, quando os do Espírito Santo fazem a jornada às esmeraldas entram com as canoas pelo riacho, que na carta seguinte se vê no ponto B, e pela lagoa do ponto C caminham até três léguas da barra do dito rio, donde tornam as canoas ao mar, e varando-as depois pela areia vão a meter-se no dito rio no ponto D, e por ele acima navegam por cachoeiras e lagoas até o pé da dita serra, como na carta se mostra no ponto E; por esta parte se faz mais fácil esta viagem que pelo Cricaré, o qual tem gentio em suas ribeiras, pela terra a dentro, que até hoje há sido impossível penetrar por entre eles mais ao sertão" Moreno, D. d. C., 1955, pp. 123-124..

[24] "Vem-se, por estas referências, como já estava esclarecido, à época, o

A letra *D*, que aparece no texto e deveria demonstrar o rio utilizado para se alcançar o ponto seguinte, não pôde ser identificada no mapa. No livro da Biblioteca de Lisboa (Fig.6), apenas as letras *A*, *B* e *E* podem ser identificadas. Por fim, na edição da Biblioteca de Paris, não há letras que remetam à descrição de Diogo de Campos no corpo do texto.

O roteiro culmina na letra *E*, que demarca não exatamente a Serra das Esmeraldas, que aparece, no mapa, nas montanhas a Oeste, mas principalmente a lagoa logo abaixo do ponto. Ela é identificada pela mesma letra no mapa presente no apógrafo do livro *Razão do Estado do Brasil* que se encontra na Biblioteca do Porto, mas, no apógrafo da Biblioteca de Paris (Fig. 7) é possível ler, escrito em seu interior, a referência "Lagoa".

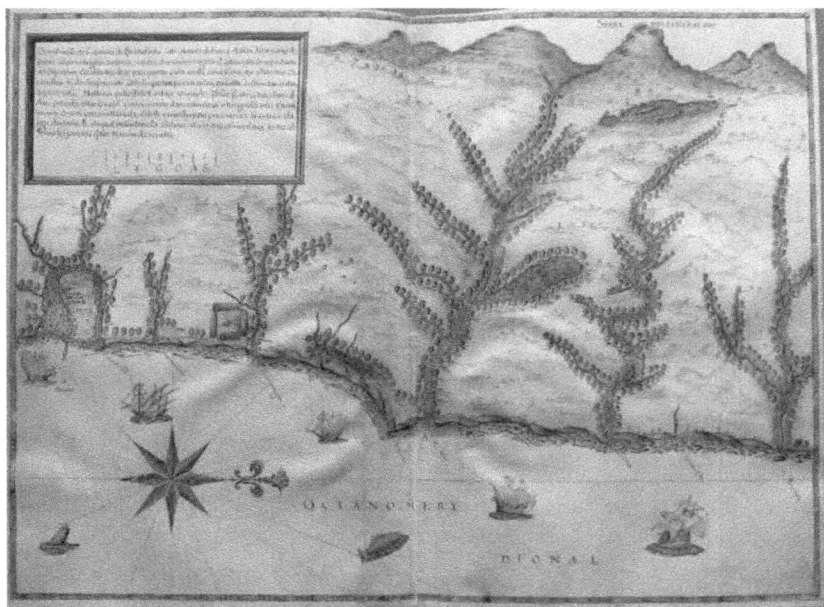

---

acesso ao atual território de Minas Gerais, pelos rios Doce ou Cricaré, 'quando os do Espírito Santo fazem a jornada às esmeraldas'. Trata-se, provavelmente, do descobrimento dessas minas, por Marcos de Azevedo, em 1611 ou 1612" ibid..

Figura 6 - [Descrição da Capitania do Espírito Santo]. Autor: ALBERNAZ I, João Teixeira. In *Razão do Estado do Brasil*. 1622. Arquivo: Biblioteca Nacional de Lisboa, Portugal.

As lendas coloniais que falam da existência de Eupana, lagoa fonte de metais e pedras preciosas, encontram assim uma representação nos mapas de Albernaz. A lagoa mítica é encontrada em mapas portugueses – e, posteriormente, de maneira semelhante, em mapas de outras nações – fazendo a conexão na rede hidrográfica da América, unindo o rio Amazonas ao Prata e ao São Francisco (KANTOR, 2007, p. 71).

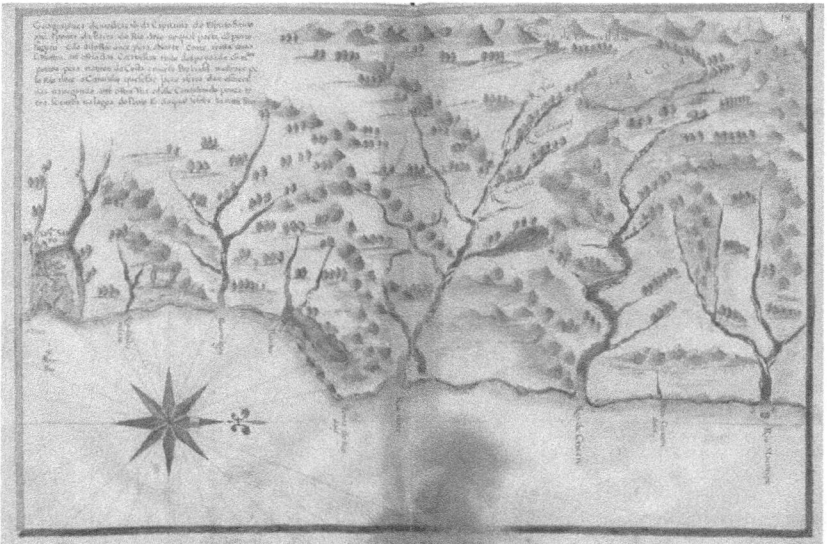

Figura 7 - [Descrição da Capitania do Espírito Santo]. Autor: ALBERNAZ I, João Teixeira. In *Razão do Estado do Brasil*. 1627. Arquivo: Biblioteca Nacional de Paris, França.

Estaria relacionada a uma lenda surgida na América espanhola quinhentista, de um príncipe que se cobria de ouro diariamente e, depois, se banhava em uma lagoa.

> Então, à semelhança do mito do Dourado, nascido nas Índias de Catela e que já a contagiara, a paisagem

mágica se tinha ataviado de uma grande lagoa fabulosamente rica. E não era necessária qualquer fantasia aventurosa, senão uma crédula e precavida curiosidade, explicável em terra de recente conquista e onde tudo era surpresa, para se pensar em procurá-la, como o fará o mesmo Gabriel Soares. Já antes de sua chegada ao Brasil, que fora pelo ano de 1569, vinha ela sendo assinalada entre os cartógrafos sob o nome de Eupana, que suponho ser uma simples deformação gráfica do Eupaua, ou Upaua dos naturais do país. Este último nome e, de preferência, as formas dele derivadas, como Upaviçu – o célebre Vupabuçu de Fernão Dias, que Pizarro designa também por Hepabuçu – e ainda Paraupava – em que se reúnem as ideias de "mar" e de "lagoa" e equivalente, porventura, à que Sebastião Fernandes Tourinho encontrou pouco antes em 1573, tendo subido o Rio Doce, chamada pelo gentio Boca do Mar, devido a ser muito grande e funda, hão de perdurar longamente. Outra denominação, a de Lago Dourado, também registrada pelos antigos cartógrafos, terá igual longevidade(HOLANDA, 1969, pp. 39-40).

No mapa de Albernaz a lagoa não recebe nome, mas por se encontrar nas proximidades da Serra das Esmeraldas, ela é claramente identificada como a lagoa do relato de Sebastião Tourinho, comentado na citação acima, e do texto de Diogo Moreno, transcrito anteriormente. Dessa maneira, pude definir que esta lagoa é, também, equivalente àquela castelhana.

O naturalista alemão Jorge Marcgrave, ao descrever a subida do rio Maranhão em sua *História Natural do Brasil,* também se rende à lenda do lago, cujas margens e ilhas são habitadas por índios e onde "são recolhidas areias auríferas e, na verdade, os habitantes possuem grande quantidade de ouro, mas vilmente avaliam" (MARCGRAVE, 1942, p. 263). Essa história é, não por acaso, acompanhada do relato da viagem de Glimmer, junto com sertanistas paulistas, em busca do *Sabarabuçu*.

Todos esses mitos – o príncipe, o Eupana e as esmeraldas – sofreram constante deslocamento durante o período moderno, o que Sérgio Buarque de Holanda chama de "extraordinária mobilidade" (HOLANDA, 1969, p. 33), presente em seu período de formação. A cada expedição que partia em sua busca e não os encontravam, eles eram transportados para outros lugares, mais distantes ou inacessíveis. A Serra das Esmeraldas, já no século XVII se estabeleceu no interior da Capitania do Espírito Santo, baseando-se nos constantes relatos deixados pelos cronistas do período. Posteriormente, de acordo com a *Expansão Geográfica do Brasil Colonial*, a lagoa localizada nas proximidades da Serra passaria a ser chamada de Lagoa da Água Preta, diferenciando-se do mito (MAGALHÃES, B. d., 1935, p. 63).

Talvez de forma ainda mais profunda, a representação do roteiro por meio imagético na cartografia de João Teixeira Albernaz traz a realidade de uma descoberta fantástica para muito mais próximo do imaginário coletivo metropolitano, já que os colonos provavelmente nunca tiveram acesso a esses mapas. A distância diminuída pelo poder das escalas cria a equivalência necessária entre o território pintado nos mapas e a realidade (BUENO, 2007, p. 39), tornando aparentemente possível o que talvez, sem um reconhecimento visual, poderia ser considerado improvável.

A MOTIVAÇÃO DA CARTOGRAFIA

De acordo com Eduardo Quadros, estudando a construção de mapas coloniais da Amazônia partindo de uma noção semiótica da cultura, o processo de localização de um sítio através da cartografia fortalece a relação entre espaço e povoamento:

Nenhum mapa irá reproduzir exatamente o real, não somente pelas limitações da discursivização, mas pela necessária introdução da escala neste tipo de saber. Sem relevar tais elementos, é que podemos considerar a forte vontade de verdade das figurações espaciais. Compondo, literalmente, o imaginário de uma região, o corpus cartográfico institui formas de relacionamento com aqueles lugares e fornece as balizas para os projetos de utilização/ocupação (QUADROS, 2008, p. 30).

Dessa maneira, a inserção da Serra das Esmeraldas e a criação de um vínculo, um relacionamento entre ela e o público alvo dessa cartografia podem ser interpretados também como uma forma de tomar posse não só desse lugar mítico como, consequentemente, das regiões interiores da América. A nomeação de um lugar, por exemplo, é uma maneira de tornar esse lugar manipulável, de dar uma existência compreensível aos outros. A Coroa (então unida) estabelecia uma relação de domínio com esses lugares. E para que isso ocorresse, outros processos também eram necessários.

As incursões sertanistas, assim como outras realizadas pelo litoral brasileiro até início do século XVII claramente influenciaram a cartografia dos Teixeira. O atlas de 1630 "fixa com grande clareza para a época os conhecimentos geográficos fundamentais, alcançados pelas bandeiras, que no primeiro quartel e do S. Francisco, nas suas mútuas conexões" e o de 1642, "marca um novo avanço sobre o conhecimento da rede hidrográfica do interior do Brasil" (CORTESÃO, J., 1957, p. 131). Esses atlas se esforçavam para representar o sertão da América portuguesa da melhor maneira possível, a fim de retratar ou copiar, em suas cartas, a própria América. Da mesma maneira que as pinturas, "era lugar-comum falar de um mapa como algo que colocava o mundo ou um lugar do mundo diante dos olhos do observador" (ALPERS, 1999, p. 298). A inserção das cores aproximava a cartografia da pintura, da arte, permitindo a presença, na cartografia, de aspectos que Alpers chama de contraditórios: "o desenho como inscrição (o registro sobre uma superfície) e o desenho como pintura (a evocação de algo visto)" (1999, pp. 301-302).

Márcia dos Santos, ao descrever os mapas da *Razão do Estado do Brasil*, destaca que o trabalho de aquarelamento tem um objetivo muito maior do que apenas colorir. Ela afirma que

> a beleza da aquarela coloca, em segundo plano, soluções técnicas. O desenho em perspectiva aérea, a escolha das cores e tonalidades e a orientação do mapa permitem evitar a limitação ocidental do território e substitui o emprego de um sistema de projeção propriamente dito(SANTOS, M. M. D. d., 2007, p. 53).

Ainda segundo Márcia, a técnica utilizada tanto nessa obra quanto no atlas de 1631 merece destaque. As representações da Capitania do Espírito Santo "encontram-se desenhadas com a técnica denominada perspectiva aérea, a partir de uma visão oblíqua, orientadas como se aquele território fosse observado de fora para dentro" (2007, p. 52).

A noção de profundidade e de continuidade dada pelo horizonte, que considera-se proposital da parte tanto do artista como de quem encomendara o trabalho, era apropriado por valorizar o terreno e, consequentemente, a posse sobre ele. Tanto o Atlas de 1631 como o Atlas hidrográfico de 1630, ambos feitos por Albernaz e dedicados a D. Jerônimo de Ataíde, que os encomendou, assumem uma visão de domínio territorial diferente daquele presente nos outros mapas de João Teixeira. Isso é perceptível pelo simples fato de que nesses dois atlas o território da América portuguesa encontra-se claramente distinto da região de domínio espanhol, mesmo nove anos antes da Restauração em Portugal.

Mais adiante me aprofundarei nos conflitos territoriais da América portuguesa. Aqui cabe notar, entretanto, que como político, D. Jerônimo acompanhou a insatisfação fiscal que refletia em todas as camadas da sociedade portuguesa desde a década de 1620. Buscando trazer de volta o "bom governo" para Portugal (HESPANHA, 2001, p. 147), estabeleceu, em seu Atlas, a fronteira entre os territórios portugueses e espanhóis na América. Tratava-se de uma representação da separação política que ganhava força na primeira metade do século XVII.

De acordo com Jaime Cortesão, o atlas de 1631 "trata-se, pois, de um atlas de reivindicação nacionalista contra a Espanha, de um patriota português, alarmado com a invasão holandesa, e particularmente interessado no Brasil"(CORTESÃO, J., 1957, p. 71). De fato, por trás de um mero atlas, é possível enxergar diferentes interesses. Como afirma Harper, "ao aceitar a textualidade [dos mapas] somos capazes de abraçar uma série de diferentes possibilidades interpretativas. (...) Ao fato podemos adicionar mito, e em vez de inocência podemos esperar duplicidade"[25].

Havia também, assim, a insatisfação com a ocupação da região norte da América portuguesa por parte dos holandeses, então em guerra com a Espanha, o que faria desse atlas "o prólogo cartográfico e o primeiro manifesto político da conspiração que havia de levar, em dezembro de 1640, à Restauração da Independência portuguesa" (CORTESÃO, J., 1957, p. 72).

Também é interessante registrar que esses mapas, copiados secretamente dos armazéns portugueses, seriam fonte de inspiração para a cartografia holandesa, que usufruiria dos mapas das redes hidrográficas brasileiras. Esses mapas, principalmente os

---

[25] "Tem sido dito que 'o que constitui um texto não e a presença de elementos linguísticos, mas o ato de construção para que os mapas, como construções empregando um sistema de signos convencionais, tornam-se textos". HARLEY, J. B. (1989). Deconstructing the map. *Cartographica*, pp. 7-8..

produzidos no século XVII, demonstrarão o conhecimento batavo em relação ao Brasil e farão parte das estratégias da Holanda de ocupação territorial na América inclusive depois da Restauração.

A segunda metade dos Seiscentos foi recheada de entradas ao sertão, algumas em busca das esmeraldas, outras para reconhecimento da região e muitas para aprisionamento de índios. Procuro demonstrar, a seguir, como se deu essa expansão das ações na América portuguesa e como ela contribuiu para o desenvolvimento da cartografia do interior americano, e influenciou os conflitos de posse entre Portugal e Espanha.

CRISES COLONIAIS E CONHECIMENTO DO INTERIOR

Em meados do século XVII haveria, no Brasil, um impulso sertanista – proveniente principalmente das capitanias paulistas – que definirá o futuro da colônia, pois culminará, na década de 1690, no descobrimento das grandes jazidas de ouro no Espírito Santo. Esse período é também de grandes conflitos políticos para Portugal, com a Restauração em 1640 e a consequente guerra com os espanhóis na Península Ibérica.

Ao assistir ao declínio da Espanha e o fortalecimento da França e da Inglaterra no século XVII, Portugal via na Restauração[26] a oportunidade de tornar novamente independentes suas instituições nacionais, que haviam sido atacadas recentemente pelas reformas propostas pela Espanha. Via também a necessidade de reestruturar a sua participação na política internacional europeia. Segundo Maria do Rosário Barata (2001, p. 191), o império ultramarino português estava diretamente ligado aos novos objetivos portugueses pelo constante interesse que França, Inglaterra e Holanda demonstravam, cada vez mais, pelo Atlântico, para o qual Portugal se voltou, principalmente em princípio do século XVII.

Se durante o período da União Ibérica Portugal estava vinculado aos interesses espanhóis, depois dele encontrava-se em uma difícil situação na política europeia. A necessidade de reafirmação de Portugal entre as coroas europeias era constante, mas ele não estava em condições de enfrentar diretamente a

---

[26] Simboliza a total independência das instituições portuguesas em relação à Espanha após o fim do período da União Ibérica (1580-1640) quando, após a morte do Rei Sebastião de Portugal, Filipe II da Espanha assumiu o trono nos dois reinos. A união foi desfeita no reinado de Filipe IV (que, em Portugal, era chamado de Filipe III) por motivos que apresentarei adiante no texto.

Espanha, com quem faria as pazes apenas em 1659, nem a crescente França. Ainda assim, buscava uma maneira de se aproximar da Inglaterra que, com o seu impressionante poderio naval no século XVII, poderia tornar-se um problema caso não houvesse uma aproximação através de tratados.

Internamente, havia diversidade de opiniões sobre com quem deveriam ser feitas alianças a fim de obter as melhores condições para que as ações pós-Restauração fluíssem de acordo com o desejado. Havia o medo das guerras continentais e possível incorporação por parte de outra nação. Assim, "conselheiros, elementos do clero e do povo teriam instado D. Pedro a não tomar parte nas guerras europeias" (BARATA, 2001, p. 193), destacando a neutralidade portuguesa em relação aos outros estados. Iniciou-se então uma política de reforço das instituições da monarquia, principalmente no Reino. Além da criação do Conselho de Guerra, para organizar os grupos militares que participavam dos conflitos continentais, criou-se o Conselho Ultramarino, que deveria coordenar diversos assuntos relacionados ao ultramar.

Enquanto isso, Portugal lutava para reconquistar as regiões que perdera no Brasil, ocupadas por holandeses no Recife e também em São Luís, e assegurar o comércio contra ataques a partir da "organização dos 'combóios' de acompanhamento às frotas mercantes, da discussão das vantagens e inconvenientes das companhias de comércio" (BARATA, 2001, p. 191).

A guerra contra os holandeses ocorreu principalmente ao norte, em Pernambuco e na Bahia. A participação dos súditos portugueses nessas batalhas produziu, inclusive, uma mudança na ordem da aquisição de mercês e benefícios. Antes, como visto, eram principalmente os cronistas que recebiam esses privilégios em recompensa aos escritos que detalhavam a colônia e eram utilizados, na Europa, para conhecimento e controle dos territórios ultramarinos. Agora, os serviços militares prestados na defesa do litoral brasileiro ganharam destaque e produziram uma literatura que tratava majoritariamente dos feitos no norte da América portuguesa (RAMINELLI, 2008, p. 10). Muitos colonos, inclusive, financiavam a guerra com seus próprios rendimentos.

A política de mercês e recompensas ou benefícios corresponde ao que João Fragoso, Maria Gouvêa e Maria Bicalho chamam de *economia do bem comum (2000, pp. 67-68)*. Se um indivíduo realizasse um serviço de importância para o Rei e o Império, ou seja, para o bem comum dos portugueses, era natural tal indivíduo receber algo em troca. Esse retorno não só tornava-se uma recompensa pelo serviço, como também servia de incentivo para que outros se dispusessem a buscar a vontade do Rei.

Além disso, o interesse nas mercês ia muito além dos rendimentos que os hábitos das ordens poderiam gerar. A influência que certos cargos administrativos poderiam proporcionar aos seus ocupantes era muito estimada. Na base da pirâmide, certos ofícios ou cargos camarários serviam como trampolim para outras funções de maior relevância.

As grandes distâncias e outros problemas, todavia, atingiam o sistema político português. Pedro Puntoni, ao discutir a natureza do poder no Antigo Regime em Portugal, afirma que

> A matriz organicista e corporativa da sociedade, no nível institucional, levava a uma "pulverização natural dos poderes", isto é, a uma situação "de uma pluralidade de espaços normativos reservados e de uma correspondente pluralidade de instituições competentes para declarar essas normas e decidir os conflitos de acordo com elas" (PUNTONI, 2009, pp. 42-43).

Essa pulverização natural dos poderes em Portugal, seguindo as palavras acima, demonstrava o poder ainda não absoluto do Rei, que caminhava para a efetivação no século XVIII. Até lá, a Coroa disputava seus espaços de poder com, por exemplo, os senhores locais, que exerciam o controle sobre suas regiões de influência e que, antes da União das Coroas, controlavam dois terços dos conselhos do Reino: a Casa de Bragança, antes de subir ao poder com a Restauração, já possuía um espaço que se destacava entre as outras Casas, como as de Avis e de Borgonha, e impedia o monopólio da Coroa no comando do território da Metrópole[27].

Com a Restauração, os benefícios, valorizados principalmente pela Coroa espanhola, perdem força entre os súditos das colônias. As casas titulares portuguesas, renovadas em parte nas últimas décadas da União Ibérica, foram posteriormente estabelecendo-se em Lisboa, ou sendo substituídas por novas casas, em uma tentativa de centralizar a grande nobreza portuguesa após a Restauração. Enquanto isso, poderes locais – "e sobretudo municipais" (MONTEIRO, 2001, p. 221) – que ofereciam, no próprio reino, um contraponto ao centro, parecem perder independência e se alinhar às diretrizes do centro.

A centralização de doações e recompensas por parte do Rei para essa elite curial fez com que ela passasse a usufruir ainda mais de cargos na administração, nas ordens militares portuguesas[28] e nas principais dioceses do reino, que passaram a ser comandadas pela nobreza.

Nuno Monteiro afirma que os bispados eram ocupados por filhos da Grande Nobreza de Portugal ou por bastardos da

---

[27] "não só preservou essa corte alentejana com um ritual e espaços de representação próprios, como então se dizia, "à maneira da casa real", mas centenas de criados, incluindo muitas dezenas de fidalgos (alguns feitos pela própria casa), aos quais distribuía mais de quatro dezenas de comendas, uma administração significativamente organizada, e uma imensa rede provincial de clientes, pois confirmava pouco menos de um quinto das câmaras do país e apresentava mais de 3 mil oficiais, entre civis e eclesiásticos. A casa de Bragança, só por si, permite afirmar que em Portugal até 1640 existiu sempre um "sistema de cortes" e não o monopólio curial da realeza".MONTEIRO, N. G. F. (2001). A consolidação da dinastia de Bragança e o apogeu do Portugal barroco: centros de poder e trajetórias sociais *História de Portugal*. São Paulo: UNESP. p. 216. .
[28] São elas a Ordem de Cristo, a Ordem de Avis e a Ordem de Santiago, todas incorporadas à Coroa.

realeza já no século XVII, mesmo que essa prática tenha atingido seu auge na primeira metade do século seguinte (MONTEIRO, 2001, p. 219). Esses bispos se beneficiaram dos altos rendimentos dos cargos, além das recompensas por doarem seus serviços à coroa, valorizando ainda mais a aristocracia portuguesa.

Sobre as possessões no ultramar, após de se desvencilhar do Conselho das Índias do período filipino, Portugal estabelece, já em 1642, o Conselho Ultramarino, que administrará as questões das colônias portuguesas. A preocupação de Portugal estava em administrar seu império. É o que Barata chama de "atlantização das atenções" a partir dos Seiscentos. Nuno Monteiro também concorda que "é de fato para o Atlântico e para o Brasil que se dirigem, de forma prioritária, as atenções da política portuguesa neste período"(MONTEIRO, 2001, pp. 209-210).

No desenrolar do século XVII houve um aprimoramento do sistema administrativo no Brasil, a partir da criação dos governos no Rio de Janeiro e em Pernambuco. Criou-se também a Relação, que já existia na Metrópole e eram agora incorporada ao Império, e funcionaria como um freio para governantes locais. A distância permitiu que esses poderes recentes atuassem a partir de novos interesses e novas clientelas, contribuindo, mais uma vez, para a estratificação da administração local[29].

Tentava-se diminuir o impacto dos acordos comerciais pós-Restauração, que acompanhou a crise açucareira no Brasil, junto de uma crescente insatisfação fiscal, "coincidindo com crises econômicas agudizadas por abusos de poder"(BETHENCOURT, 1998, p. 335). O Espírito Santo, por exemplo, em meados do século XVII, foi consumido por dificuldades políticas e

---

[29] "Como no desenho de um livro de textos médicos, contudo, a pele da estrutura formal do governo podia ser levantada para revelar um complexo sistema de veias e nervos criados pelos relacionamentos primários interpessoais baseados em parentesco, amizade, apadrinhamento e suborno". Schwartz, S. B. apud PUNTONI, P. (2009). O Governo Geral e o Estado do Brasil: poderes intermediários e administração (1549-1720) *O Brasil no Império marítimo Português*. Bauru: EDUSC. p. 67. .

econômicas. Havia a constante preocupação, por parte do Governo Geral, na Bahia, de manter as fortificações em bom estado, prontas para eventual necessidade. A origem da preocupação nesse período remonta às tentativas de invasão por parte dos holandeses. Durante o mês de março de 1625 houve tentativas de invasão organizadas por Piet Heyn (OLIVEIRA, 2008, p. 134). Ele viera da África para o Brasil para participar das defesas holandesas contra a armada Espanhola. Esta os derrotaria, dois meses depois, em Salvador.

Derrotados também na Capitania do Espírito Santo, anos após a tomada de Recife, os holandeses retornariam em 1640 sob comando de um coronel de nome Koin, aparentemente o mesmo Johann Von Koin que esteve à frente da ocupação de São Luís, no Maranhão, até 1644. Após mais um fracasso (OLIVEIRA, 2008, p. 140), as tentativas serviram para que se intensificassem ainda mais os pedidos de fortificação das vilas da Capitania, pedidos esses que continuarão até o século XVIII.

Como a Capitania do Espírito Santo passou o século XVII mergulhada em diversas crises econômicas, muitas reformas nos fortes (para proteção contra os invasores europeus) não passaram do papel, pois não poderiam ser realizadas sem financiamento do Governo Geral. Se nas duas primeiras décadas do século o Espírito Santo estava em relativo progresso, com receitas maiores que as de capitanias como Porto Seguro e São Vicente, nas décadas seguintes ela desceu ao ponto que a historiografia capixaba chama de pior momento econômico da Capitania. Chegou-se inclusive a considerar o período de meados do séc. XVII como de total estagnação das atividades comerciais (LEAL, 1977).

Um documento de 3 de setembro de 1664 nos mostra que a Capitania do Espírito Santo "está hoje tão diminuta no rendimento, que se tem arrematado os dizimos della, sómente em quatrocentos mil reis cada anno, e tem de despesa ordinária melhor de dous mil cruzados" (BIBLIOTECA NACIONAL, 1933, p. 419). O rendimento, segundo a carta, era capaz de suprir apenas os gastos eclesiásticos. Em 14 de agosto de 1654, outro documento informava a situação econômica do Espírito Santo: Jerônimo de Ataíde, o Conde de Atouguia e Governador Geral do Brasil (1654-1657)[30] preocupou-se explicitamente com a manutenção da segurança da vila de Vitória e do soldo dos soldados[31].

Franklin Leal e José Teixeira de Oliveira defendem que o motivo da crise era a ausência dos donatários na capitania (LEAL, 1977; OLIVEIRA, 2008, p. 153). Sem uma fonte de investimentos para que se desenvolvesse, o Espírito Santo ficava nas mãos dos capitães-mores que, no período, às vezes não chegavam a receber seus próprios soldos. A mesma posição é defendida pelo Donatário Francisco Gil de Araújo em 1675, ao assumir a Capitania. Segundo ele, o estado dela "hé o mais mizeravel que se pode imaginar, tudo cauzado por alguus capitaens, que a gouernarão" ("Documentos Manuscritos Avulsos da Capitania do Espírito Santo (1585-1822)," 1997. Caixa 1, Doc. n°83).

A situação precária fez com que, ainda em março de 1650, o Conselho Ultramarino propusesse a compra da capitania por parte da Coroa a fim de reconstituir sua economia e protegê-la adequadamente. O parecer do Rei foi negativo (LEAL, 1980, p. 28), e a capitania continuou sendo mantida pela Fazenda Real por mais duas décadas. Ela seria vendida apenas em 1674 e, ainda assim, para um particular.

---

[30] Como visto no capítulo *Conflitos Políticos na América Portuguesa*, Jerônimo de Ataíde encomendou o Atlas do Estado do Brasil, em 1631, quando ainda era Donatário da Capitania de Ilhéus.

[31] "Mas emquanto Ella se descuida será preciso que conferindo-se as despesas desse presídio com os effeitos que há para seu sustento, supram Vms. A falta que houver da fazenda Real com o meio que lhe parecer mais efficaz, e menos violento, pois a primeira obrigação de Vms. E a conservação dos soldados que lhe ajudam a defender essa praça". Carta para os officiaes da camara do Espirito Santo.*Documentos Históricos: 1648-1661, Correspondência dos Governadores Gerais*. (III). Rio de Janeiro, 1928. p. 211..

CARTOGRAFIA E SERTANISMO HOLANDÊS

Dificuldades econômicas e políticas estiveram presentes em toda a América portuguesa de meados dos Seiscentos. Elas colaborariam inclusive para que os holandeses mantivessem seus territórios no litoral brasileiro por tanto tempo. Esses assuntos foram registrados nas cartas dos vassalos portugueses, da mesma maneira que, na literatura holandesa, encontrou-se os elementos necessários para a manutenção de Pernambuco e Bahia. A diferença é que, enquanto Portugal diminuía os incentivos à produção desses materiais, a Holanda, de maneira semelhante à Espanha, valorizava a produção de textos, pinturas e mapas que os ajudassem a controlar seus territórios americanos:

> Na época moderna, as Companhias das Índias Ocidentais e o príncipe Maurício de Nassau sustentaram e financiaram a mais notável expedição científica aos trópicos. Como Felipe II, eles reuniram naturalistas e administradores para inventariar a natureza e promover o comércio. A Coroa lusa não recorreu a esses meios para obter notícias de suas possessões(RAMINELLI, 2008, p. 58).

Na cartografia, o desenvolvimento da imprensa na Holanda fez com que a produção de mapas se expandisse, ainda no século XV, ganhando mais força no século seguinte, permitindo a publicação desses mapas em certa escala. Nessa indústria, os holandeses foram responsáveis por grande parte das publicações do período. Sabe-se ainda que no século XVII eram fornecedores de um dos melhores papéis disponíveis na Europa, como atesta Bueno em análise de amostras de papel existentes no Arquivo Histórico Ultramarino (2004, p. 214).

O interesse pela imprensa cresceu, ainda no século XVI, junto com o interesse pela cosmologia, em uma época em que certos ofícios ainda não haviam se especializado e letrados, artistas, gravadores e cartógrafos ainda compartilhavam o mesmo papel (HERVA, 2010, pp. 329-330). Com o desenvolvimento individual dessas atividades, os mapas tornaram-se ainda mais frequentes e acessíveis. Porém, alguns historiadores defendem que o desenvolvimento da imprensa de fato atrasou a incorporação de informações nos mapas da Renascença (MAYHEW, 2001, p. 353). As informações relatadas nas cartas dos súditos que viajavam pela América eram recebidas com certa relutância pelos responsáveis pelas feituras dos mapas impressos.

Na segunda metade do século XVI, a partir da corte de Felipe II da Espanha, emerge "um impulso à cartografia moderna e descrição geográfica" (MAYHEW, 2001, p. 354), estimulados pela Coroa através das *Relaciones Geográficas*. Essa revolução, que afetaria a cartografia impressa, se completaria um século depois. Assim, "infinitamente aberta para ser retrabalhada na luz de novas descobertas geográficas", a cartografia impressa "moderna" se tornou mais viável que a manuscrita (MAYHEW, 2001, p. 354). A gravação das informações em placas de cobre permitia maior precisão nas representações territoriais, além da correção de detalhes.

De acordo com J. B. Harley, "pelo menos do século XVII em diante, cartógrafos e usuários de mapas europeus cada vez mais promoveram um modelo padrão científico de conhecimento e cognição" (1989, p. 4), aprimorando ainda mais a produção de mapas. Alpers, aos nos apresentar certo mapa batavo, destaca a expressiva capacidade holandesa, nesse período, de utilizar diferentes tipos de impressão para fazer um mapa. Segundo ela,

> é um mapa cujo original combinou os quatro tipos de impressão então disponíveis para uso em mapas – gravação, água-forte, xilogravura e tipo móvel para as letras. Em tamanho, escopo e ambição gráfica, é uma súmula da arte cartográfica da época, representada na pintura por Vermeer (ALPERS, 1999, p. 245).

O destaque da cartografia holandesa a partir do século XVII, tanto a impressa quanto a manuscrita, se deu pela influência da escola portuguesa, que fazia questão de se manter ausente do processo de impressão dos mapas, incentivando a sua produção manuscrita "sempre por motivos estratégicos, considerando que seus territórios, em especial o da América do Sul, constituíam alvos constantes da cobiça de outras nações" (COSTA, A. G., 2007, pp. 83-84). Como afirmado no capítulo anterior, eles se apossaram de informações privilegiadas das redes hidrográficas nos mapas portugueses, refletidas posteriormente em sua própria cartografia, e também mantinham suas cartas náuticas longe das vistas das outras nações europeias.

Segundo análise de Cortesão,

> Concluímos igualmente que Marcgraf e Vingboons, o primeiro na carta da "Bahia de Todos os Sanctos", o segundo, nas suas cartas do Nordeste brasileiro, utilizaram um protótipo ou protótipos portugueses [atribuíveis aos Teixeiras], com o mesmo sinal convencional para localizar os currais; e que a Carta Nova de Marcgraf, fragmentada na obra de Barleus, obedece também a um protótipo português, mas de traçado menos evoluído, quando comparado com o que foi utilizado por Vingboons. Além disso, outras cartas deste atlas ou a ele alheias, publicadas por Wieder, denunciam ainda a utilização de mais dois atlas portugueses, acrescentando-se que também no Atlas de Joannes van Keulen há várias cartas copiadas de um atlas daquela mesma origem (CORTESÃO, J., 1957, pp. 41-42).

Até então, o maior objetivo era o detalhamento do litoral, e não o controle de todo o território, numa preocupação com as rotas marítimas, demonstrando os melhores portos para os navios, os locais de difícil navegação, como acidentes geográficos, além das vilas que ali se encontravam e a nomeação de toda a costa.

Apesar da "carta da baía do Espírito Santo", de Vingboons não apresentar qualquer fortificação na baía de Vitória, nem mesmo a Vila do Espírito Santo, vê-se claramente os dados sobre profundidade no canal que dá acesso à única vila presente e também a demarcação de ancoradouro.

Figura 8 –Kaart van de baai "Spierito Sancto". Met loodingen. Autor: VINGBOONS, Johanes. Holanda, ca. 1665. In GOSSELINK, Martine. *Land in zicht: Vingboons tekent de wereld van 17de eeuw*. Zwolle: Waanders Uitgevers. 2007, p.146. Disponível em: <http://www.atlasofmutualheritage.nl>. Acesso em: 05/08/2011.

Outro elemento importante é a presença da então ermida de Nossa Senhora da Penha (iniciada ainda em 1558, hoje Convento) à esquerda, representada por uma casa e por uma cruz. A ermida, que aparece em mapa de 1631 (Fig 4), teria sofrido uma invasão holandesa durante as infrutíferas tentativas da primeira metade do século XVII (REIS, 2008, p. 7). A imagem da padroeira recebeu em sua coroa, poucos anos antes, algumas das esmeraldas de Marcos de Azeredo (BOXER, 1973, p. 310).

A presença de navios portando uma bandeira espanhola também chama atenção. A bandeira, branca com uma cruz vermelha, "é a principal bandeira que tremulou ao vento sobre o império colonial da Espanha no novo mundo até 1785, quando uma nova bandeira foi adotada" (GEORGIAINFO).

A presença desses navios – todos os cinco parecem carregar a bandeira espanhola – pode simplesmente significar uma forte presença de espanhóis na região. Porém, quando o mapa foi feito, cerca de 1665, a União Ibérica já havia acabado e Portugal e Espanha já haviam assinado o tratado de paz há 10 anos. O fato pode estar relacionado às influências da cartografia portuguesa do período filipino, dedicada principalmente ao litoral, ou mesmo aos conflitos de 1624 e 1640, quando holandeses enfrentaram portugueses e espanhóis no litoral brasileiro. Foram nos mares do Espírito Santo que Salvador Correia de Sá e Benevides, partindo do Rio de Janeiro em direção à Bahia, derrotou a frota holandesa de Piet Heyn em retirada, no dia 12 de março de 1640 (LEITE, 1945, p. 138).

Em outro mapa holandês do século XVII pode-se perceber ainda melhor o conhecimento dos mares brasileiros. Falo do *Pas-Kaart van de zee-kunsten van Brazilia, tusschen Rio das Contas en Cabo S. Thome*, do cartógrafo Joannes Van Keulen.

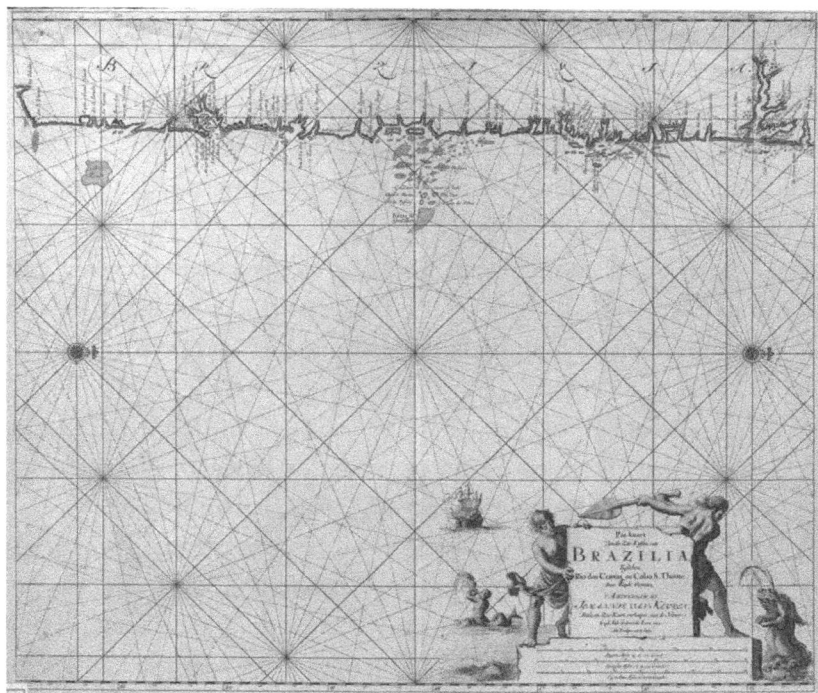

Figura 9 - Pas-Kaart van de zee-kunsten van Brazilia, tusschen Rio das Contas en Cabo S. Thome. Autor: KEULEN, Joannes Van. Séc. XVII. Arquivo: Biblioteca Nacional do Rio de Janeiro, Brasil.

Em torno da ilha de Vitória – que assume uma coloração diferente – pode-se ver os engenhos já descritos por Albernaz em seus mapas (Azeredo, Francisco de Aguiar, Leonardo Froes), representados por algumas casas. A ilha também traz símbolos de povoamento e é possível ver casas na região da vila do Espírito Santo.

Destacando os acidentes em todo o litoral da Capitania, o mapa é claramente dedicado à navegação. A região continental ocupa uma parte ínfima do mapa, que é todo traçado por linhas de rumo, e os rios não chegam a ter qualquer rumo em direção ao interior, mas limitam-se à sua foz na costa. O interesse era apenas de representar onde desembocavam no mar.

Os batavos, entretanto, não se limitaram ao litoral e em poucos anos faziam viagens da Bahia e de Pernambuco ao sertão e planos de dominação de regiões, ações que culminaram em uma produção cartográfica relevante. Íris Kantor, em *Usos diplomático da ilha-brasil: polêmicas cartográficas e historiográficas*, afirma que foi o estabelecimento da Companhia das Índias Ocidentais no litoral brasileiro o que deu início ao reconhecimento do interior americano (2007, pp. 75-76).

Sabe-se da participação do mineralogista holandês Wilhelm Glimmer em entradas pelo sertão brasileiro. Acompanhando o Governador Geral D. Francisco de Sousa nos primeiros anos do século XVII e sertanistas paulistas, partiu da "cidade de São Paulo" para o sertão em busca da Sabarabuçu (MARCGRAVE, 1942, p. 263). Os relatos contam que o governador havia recebido de um sertanista uma pedra azul, com fios de ouro e prata.

Nada impede que as informações registradas por Jorge Marcgrave estejam relacionadas aos resultados das viagens que foram comentadas no capítulo anterior, onde foram encontradas algumas pedras preciosas. O que se sabe, na verdade, é que as promessas da existência de mais riquezas incentivaram a expedição de Glimmer. Durante meses caminharam pela floresta, seguiram de canoa por diversos rios e por fim pousaram em uma aldeia indígena. Continuo o relato no texto original traduzido:

> Aqui moramos quase um mês inteiro e preparada a provisão novamente continuamos a viagem em direção ao Noroeste, e decorrido um mês, não tendo sido encontrado nenhum rio, chegamos a uma estrada larga e trilhada, e dois rios de tamanho diverso, que correm para o Ocaso entre as montanhas de Sabaroasu, e saem com dificuldade em direção ao Norte, e penso serem estes, fontes ou nascentes do rio S. Francisco. Desde a mencionada aldeia até estes rios não vimos nenhuma pessoa, mas soubemos viver além dos montes uma nação bárbara muito numerosa, que, ciente do fato da chegada desses Europeus (não sei porque ajuste) mandou um dos seus pra que nos espreitasse. Quando este

encontrou-se com os nossos, apressamo-nos em nos retirar com medo dos bárbaros e pela falta de provisões, ainda não tendo explorado o metal por cuja causa tínhamos sido enviados e quase mortos pela fome, voltamos àquela aldeia de bárbaros Onde tendo sido recuperadas as forças e preparada a provisão, pelo mesmo caminho pelo qual viéramos, regressamos àquele rio onde abandonamos as canoas; e restaurados nos entregamos ao rio nelas, e contra ele navegamos primeira mente a Mogomimim, depois à cidade de S. Paulo (MARCGRAVE, 1942, pp. 263-264).

Glimmer achava estar próximo à nascente do rio São Francisco, da mesma maneira que outros viajantes, seja sobre esse rio ou outro, como o rio Doce. Além disso, partindo de São Paulo, seu grupo atravessou um grande território até chegar a regiões de Porto Seguro. O roteiro foi, no século XVII, considerado mais viável por acreditarem que das capitanias paulistas era mais fácil alcançar as regiões do Peru, próximas das quais ficaria o Sabarabuçu, "dado que a silhueta do continente se adelgaça na direção daquelas partes" (HOLANDA, 1969, p. 70).

Glimmer também esteve na entrada de Francisco Dias D'Ávila em busca de prata. Os relatos dessa entrada estavam em carta do cartógrafo Walbeeck à Companhia das Índias Ocidentais de 1633 (FREIRE, 2006, p. 148). A Holanda estava ciente dessas riquezas e também as desejava. A maior prova disso está nos planos de Nassau para 1642, de conquistar Buenos Aires, subir o rio da Prata e chegar ao Potosi, fonte da prata espanhola (HOLANDA, 1969, p. 96).

INFLUÊNCIAS NA CARTOGRAFIA EUROPEIA

Já a busca da Serra das Esmeraldas, na América portuguesa, também era um espaço de conquista de recompensas, benefícios e mercês por serviços prestados a superiores. Na verdade, ela era procurada desde os primeiros anos de colonização na América Portuguesa, e não apenas no século XVII. Quando Sebastião Fernandes Tourinho subiu com sua bandeira pelo rio Doce[32], na década de 1570, estava apenas iniciando uma busca que durou, pelo menos, até o final do século seguinte.

Após a Restauração, as esmeraldas se tornaram o sonho do Governo Geral no Brasil e, consequentemente, da Coroa portuguesa. A possibilidade de enriquecimento rápido, à semelhança do enriquecimento espanhol com o Potosi, na então colônia do Peru, agitava o fornecimento de patentes para a busca pela Serra. Ao mesmo tempo, é possível enxergar através dos documentos o incontido desejo de traçar-se um roteiro efetivo até lá, junto com a frustração de ainda não terem encontrado as esmeraldas.

Mostrei no capítulo anterior que Antônio Dias Adorno, que entrou no sertão do Espírito Santo após Tourinho, trouxe pedras verdes que "não interessaram deveras à Coroa" (Calmon, P. apud OLIVEIRA, 2008, p. 115). Marcos de Azeredo, sertanista capixaba, foi para o sertão em 1596 e 1611 e trouxe outras pedras que lhe garantiram o hábito da Ordem de Cristo. Entretanto, todas as pedras levadas para o Reino eram tidas como de menor valor. A verdade – eram turmalinas – viria apenas mais tarde. Para o século XVII, elas traziam a Serra das Esmeraldas do imaginário para ainda

---

[32] "ÁLVARO DA SILVEIRA, plenamente abonado por URBINO VIANA (Bandeiras, 131), é de parecer que Tourinho subiu o rio Doce. BASÍLIO DE MAGALHÃES afirma que o sertanista 'entrou pelo São Mateus e, subindo um afluente meridional deste, varou depois por terra até à Lagoa de Juparanã, margeando o rio Doce' (Expansão, 51)".Oliveira, J. T. d., 2008, pp. 114, nota 124..

mais perto das mãos portuguesas, incitando novas entradas em sua busca.

Todas essas entradas influenciaram a produção cartográfica do século seguinte. Jaime Cortesão afirma que apenas a partir "do segundo quartel do século XVIII nos foi possível encontrar outros mapas com referências expressas a bandeiras paulistas do século anterior" (CORTESÃO, J., 1957, p. 132). Da mesma maneira, as expedições sertanistas feitas a partir da Capitania do Espírito Santo demoraram décadas para conquistarem espaço na cartografia europeia.

Apesar da clara influência das entradas realizadas na América portuguesa seiscentista, Cortesão afirma que a cartografia influenciou essas entradas mais do que foi influenciada por elas (CORTESÃO, J., 1957, p. 89). Para isso preciso destacar que muitos sertanistas no Brasil não tiveram acesso direto a esses mapas, que muitas vezes eram mantidos em sigilo na Europa. Mas a própria Coroa e membros das elites portuguesas no Reino e na colônia tinham conhecimento desses roteiros e foram os principais responsáveis por financiar as expedições oficiais em busca das riquezas distantes.

Mesmo o roteiro de Marcos de Azeredo utilizado para a confecção dos mapas de João Teixeira Albernaz era de conhecimento de outros moradores da colônia, como o bandeirante Fernão Dias. Outras informações, como as de Pero de Magalhães Gandavo, um dos primeiros a relatar o descobrimento das pedras preciosas em seu *Tratado da Terra do Brasil*, foram nitidamente mantidas em segredo. Seu texto, enviado ao rei, não foi publicado até a independência do Brasil.

O ato de silenciar essas riquezas pode ser compreendido como um encolhimento da importância desse conhecimento até a invisibilidade, tanto na simbologia gráfica como na textual, nas descrições e legendas, presentes nos cartuchos dos mapas. A retenção de informações em mapas das cortes ibéricas é compreensível. Afinal, a cartografia pode atuar tanto a favor como contra um governo. "Um registro dos pontos fortes é também um registro de alvos" (ANDREWS, 2001, p. 25), em uma época em que o conhecimento de um território poderia significar o seu domínio, e em que o contrabando de informações poderia levar à perda dele.

A verdade sobre a fidelidade dessa cartografia não costumava sair, no caso de Portugal, dos Armazéns da Guiné, onde eram feitos os mapas de Estado. Muitos dos que os viram foram levados a acreditar, pelo perfil da própria profissão de cosmógrafo, que as informações presentes nesses mapas eram reais e simbolizavam o mundo tal como ele era (CORTESÃO, J., 1957, p. 90). Sem o conjunto de dados utilizados para produzi-los, como se poderia supor que falavam a mentira? Assim, a ausência significava a inexistência.

Em contrapartida, o *Tratado* de Gandavo foi copiado por outras nações e influenciaram principalmente a cartografia holandesa, francesa e inglesa no século XVIII. Da mesma maneira, os mapas de Albernaz foram parar na mão dessas mesmas nações, talvez ainda no Seiscentos. E essas informações acabavam retornando para a colônia e incentivando novas expedições. Mostrarei adiante que existem mapas de outras nações europeias das primeiras décadas dos Setecentos que trazem dados das primeiras entradas em busca das esmeraldas.

Um desses mapas, publicado na Holanda, apresenta não só a Serra das Esmeraldas como também uma grande lagoa, agora já não tão próxima das pedras verdes. Assumindo a lenda que já havia sido abandonada pela cartografia portuguesa, o mapa não traz as vilas da região das Minas Gerais, mesmo tendo sido produzido em 1732, e boa parte do interior do Brasil é ocupado por notas descritivas citando povoações indígenas e a rede hidrográfica americana.

Figura 10 - Carte de la Terre Ferme, du Perou, du Bresil, et du Pays des Amazones : dressée sur les mémoires les plus nouveaux et les observations les plus exactes. Autor: Henri Abraham Châtelain. Amsterdã, Holanda, 1732. Arquivo: Biblioteca Nacional do Rio de Janeiro, Brasil.

A Capitania do Espírito Santo é aqui dividida da de Porto Seguro logo acima do rio Doce. O curso desse rio, que chama atenção pelo seu longo trajeto, segue até muito próximo da Lagoa dos Xayares, que por muito tempo também será relacionada à Eupana (ver Cap. 1). Próximo à metade de seu traçado há um rio que parece surgir do Doce e continuar em direção ao mar, mas não o encontra, pois torna-se uma grande lagoa a oeste da ilha aqui denominada de "Espírito Santo". A legenda diz que é "Um lago denominado pelos índios de A Boca do Mar", e por ser a única no território do Espírito Santo, não se diferencia da lagoa dos mapas de Albernaz.

Em um afluente do rio Doce, com o nome de rio de Acecy, há então as "minas encontradas por Sebastião Tourinho", próximas a algumas nações indígenas. De acordo com o texto de Gabriel Soares de Sousa,

Este rio Doce vem de muito longe e corre até o mar quase leste-oeste, pelo qual Sebastião Fernandes

Tourinho, de quem falamos, fez uma entrada navegando por ele acima, até onde o ajudou a maré, com certos companheiros, e entrando por um braço acima, que se chama Mandi, onde desembarcou, caminhou por terra obra de vinte léguas, com o rosto a lés-sudoeste, e foi dar com uma lagoa, a que o gentio chama boca do mar, por ser muito grande e funda da qual nasce um rio que se mete neste rio Doce, e leva muita água. Esta lagoa cresce às vezes tanto, que faz grande enchente nesse rio Doce (...) E como esta gente chegou a este rio Doce, e o acharam tão possante, fizeram nele canoas de casca, em que se embarcaram, e foram por ali acima, até onde se mete neste rio outro, a que chamam Aceci, pelo qual entraram e foram quatro léguas, e no cabo delas desembarcaram e foram por terra com o rosto ao noroeste onze dias, e atravessaram o Aceci, e andaram cinquenta léguas ao longo dele da banda ao sul trinta léguas. Aqui achou esta gente umas pedreiras, umas pedras verdoengas, e tomam do azul que tem, que parece turquesas, e afirmou o gentio aqui vizinho que no cimo deste monte se tiravam pedras muito azuis, e que havia outras que, segundo sua informação, têm ouro muito descoberto(SOUSA, 1587/1851, p. 88).

Ora, seguindo o roteiro, pode-se reconhecer Mandi como o rio anônimo no mapa, mas que leva à lagoa Boca do Mar. Além disso, o mapa continua seguindo o roteiro, pois ao chegarem Tourinho e seus homens no Aceci, seguiram a noroeste até encontrarem suas pedras preciosas de diversas cores e, principalmente, ouro.

As mesmas informações – e com as mesmas legendas e descrições – podem ser vistas em mapas publicados na França. Guillaume de L'Isle, em 1703, já havia publicado tal mapa (L'ISLE, 1703). Nicolas de Fer também apresenta as mesmas informações em carta de 1719, sob o título "O Brasil cuja costa é dividida em capitanias: preparado a partir dos últimos relatos de bucaneiros e viajantes famosos" (FER, 1719).

A fidelidade do mapa em relação ao relato de Soares de Souza no *Tratado Descritivo do Brasil* – que, como mostrado, foi publicado apenas depois do período colonial brasileiro – não traz muitas dificuldades em compreender como isso se deu. De acordo com Raminelli, "Francisco Adolfo de Varnhagen localizou dezenas de versões parciais em arquivos de Portugal, Brasil, Espanha e França, o que demonstra o valor do memorial" (2008, p. 40). Não só as cópias do manuscrito demonstram o valor do texto como também a presença de suas informações nesse mapa[33] e em outros (no capítulo seguinte) é uma solidificação desse valor. Outras nações europeias aparentemente faziam seus mapas da América portuguesa com os mesmos dados utilizados pelos portugueses. Não encontrei, porém, qualquer mapa não português que trouxesse informações explícitas do roteiro de Marcos de Azeredo.

Mas o relato de Soares de Sousa não acaba aí, apesar do mapa parecer trazer apenas aqueles dados. Segundo o cronista,

> quando esta gente passou o Aceci a derradeira vez, dali cinco ou seis léguas da banda do norte, achou Sebastião Fernandes uma pedreira de esmeraldas e outra de safiras, as quais estão ao pé de uma serra cheia de arvoredo do tamanho de uma légua, e quando esta gente ia do mar por este rio Doce acima sessenta ou setenta léguas da barra, acharam uma serras ao longo do rio de Arvoredo, e quase todas de pedra, em que também acharam pedras verdes; e indo mais acima quatro ou cinco léguas da banda do sul, está outra serra, em que afirma o gentio haver

---

[33] É relevante o fato de Varnhagen não ter encontrado fragmentos do texto de Gabriel Soares na Holanda, onde o mapa foi publicado. Entretanto o autor, Henri Abraham Chatelain (1684-1743), era francês e pode ter tido contato com o texto ainda na França, antes de se mudar para Amsterdã, em 1720.

pedras verdes e vermelhas tão compridas como dedos, e outras azuis, todas mui resplandecentes (SOUSA, 1587/1851, p. 89).

É de se imaginar que diante de relatos como esse e ocupando as regiões logo ao norte do Espírito Santo, os holandeses se dedicariam a essa descoberta. Mas a derrota da Holanda na década de 1650 os impediu de continuar se aprofundando em territórios americanos. Após a expulsão deles do Brasil, as entradas realizadas a partir de São Paulo pelos súditos portugueses alcançaram números impressionantes.

A COMPANHIA DE JESUS NO ESPÍRITO SANTO

Algumas entradas ainda foram realizadas pelo Espírito Santo por portugueses antes da expulsão dos holandeses, como uma possível solução para as crises financeiras do período. Chamam atenção as organizadas pela Companhia de Jesus, cujos padres, no Brasil, não iam ao sertão apenas em busca de índios. Os interesses em se destacar diante de outras ordens religiosas no Reino e de servir ao Rei na América levaram os padres a atuar em diferentes áreas, inclusive na busca das esmeraldas. Os jesuítas se estabeleceram no Espírito Santo ainda no começo da ocupação portuguesa. Os primeiros padres aportaram em Vitória em 1550, coincidindo com a fundação da vila. Ali estabeleceram um Colégio, que veio a receber o nome de Santiago. Ainda no início dos Seiscentos, já tinham fazendas[34] e as aldeias[35] em Reritiba e Reis

---

[34] "Muribeca, fazenda de criação de gado, foi célebre e rica propriedade dos jesuítas. Chegou a ter quase duas mil cabeças de gado vacum e mais de duas centenas do cavalar. A exemplo do que fizeram em outras regiões, os padres construíram ali "obras de drenagem e saneamento, canais por onde se escoassem as águas" das inundações, além de grande casa, igreja e um espaçoso pesqueiro no rio".Oliveira, J. T. d., 2008, p. 157..

[35] "(...) duas se tornaram famosas pela continuidade do seu regime

Magos, a última em sesmaria doada aos inacianos em 1610 (DAEMON, 2010, p. 105). Todas ficavam muito próximas do litoral, já que os jesuítas não se estabeleceram no sertão do Espírito Santo colonial.

O crescimento da influência da Companhia no Brasil e demais possessões portuguesas se deu principalmente no período filipino, quando os jesuítas dedicaram-se, além dos trabalhos missionários, a , "educação dos meninos nas colônias, mantendo muitas escolas anexas aos seus colégios"(BOXER, 1973, p. 24).

Nas missões e também nas vilas, além dos conflitos com os colonos, que eram a favor da escravidão indígena, tiveram muito trabalho em conter as epidemias. Na década de 1620, alguns padres jesuítas chegaram a Reis Magos apenas para descobrir que grande pare dos índios ali aldeados estavam morrendo – ou já haviam morrido – de varíola (DAEMON, 2010, pp. 104-105). Essas crises se repetiram durante o século XVII, destacando Serafim Leite as de 1653, 1656 e 1666 (LEITE, 1945, p. 140).

Os padres partiam constantemente de Reis Magos em entradas ao sertão para o descimento de mais índios para suas aldeias, no que tiveram bons resultados, já que o padre Domingos Monteiro, da Aldeia de Reis Magos, é reconhecido por ter estabelecido contato com os Aimorés, iniciado sua catequese e intermediado as pazes entre os índios e os moradores da capitania (LEITE, 1945, p. 161).

Jacome Monteiro escreveu em 1610 que os Aimorés, já pacificados, habitavam a região do rio Doce e eram "gente

---

administrativo, Reritiba e Reis Magos. Mas ainda em 1619 eram de visita a Aldeia da Conceição, a de S. João e a de Santa Maria de Guarapari, também da Conceição, em local porém diverso daquela do mesmo nome. A Ânia de 1613 conta ainda curas ou milagres atribuídos ao fundador da Companhia, na Aldeia de S. João, e no ano seguinte refere-se a relutância dos Índios das Aldeias em aceitar capitães portugueses (...)".LEITE, S. *História da Companhia de Jesus no Brasil* (VI). Rio de Janeiro: Instituto Nacional do Livro, 1945. p. 143.. É digno de nota dizer que todas as aldeias foram elevadas ao status de vila ainda no período colonial.

selvagem, e que tinha posto em grande aperto a terra destas partes, por serem mui fortes e mui manhosos em armar ciladas" (Monteiro, J. apud OLIVEIRA, 2008, p. 147). Mais ao norte, em Ilhéus e Porto Seguro, "o mesmo gentío aimoré, (...) faz de ordinário também grande dano", impedindo o crescimento e a expansão da colônia portuguesa (BRANDÃO, 1956, p. 34).

Outras nações, inimigas dos portugueses, aliavam-se a adversários europeus, principalmente franceses e holandeses, e dominavam regiões para conter o avanço luso (RAMINELLI, 2008, p. 56). Assim, os jesuítas atuavam também como informantes sobre as guerras e alianças dos nativos, ao mesmo tempo em que tentavam converter esses povos.

Os jesuítas partiam também em busca de índios Paranaubis, ou *Mares Verdes*, que habitavam o sertão do rio Doce. Aproveitavam essas entradas para buscar a Serra das Esmeraldas, utilizando o rio como via de acesso ao lugar lendário, o que nos faz pensar na possível relação entre as esmeraldas e o nome da povoação.

Na cartografia, os jesuítas mantiveram a crença nas riquezas brasileiras. Em apógrafo posterior de um mapa datado da virada do século XVII para o XVIII, do padre Jacobo Cocleo (Jacques Cocle), é possível encontrar "as serras de Soberabosu (sic), próxima à confluência dos rios Piranga e Gualaxo, e das Esmeraldas, junto às nascentes do rio Doce" (MORAES, 2006, p. 174). Ao contrário dos mapas holandeses e franceses, a cartografia portuguesa parece não ter se baseado nos escritos de Gandavo e sim de outros relatos posteriores, como os de Marcos de Azeredo. A diferenciação entre O *Sabarabuçu* e a Serra das Esmeraldas prova que os dados utilizados por Cocleo para a produção do mapa são provavelmente já de meados do século XVII.

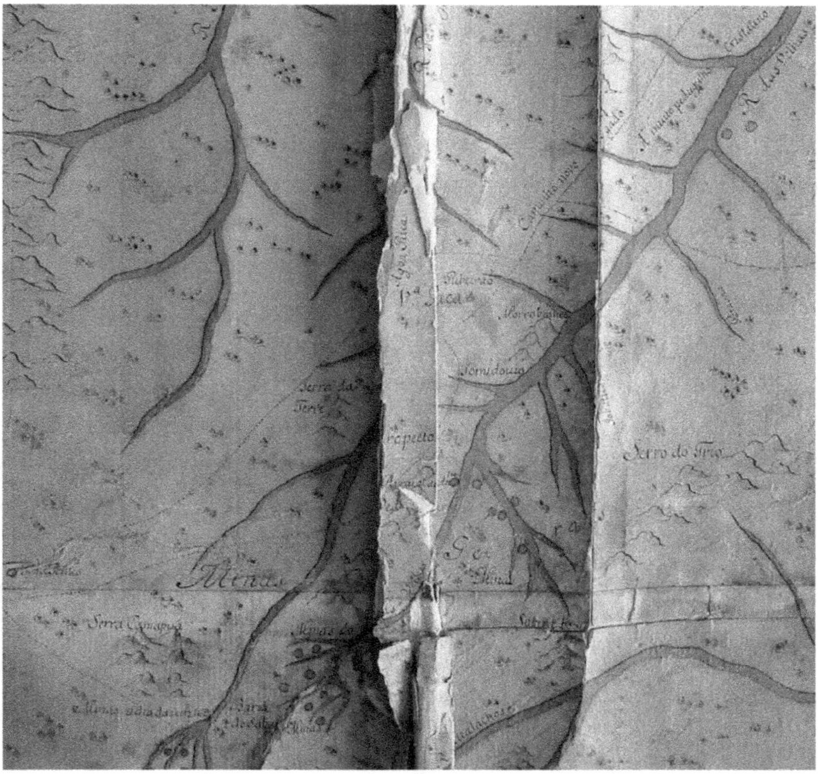

Figura 11 - Mapa da maior parte da Costa, e Sertão, do Brazil, extrahido do original do Pe. Cocleo. Autor: anônimo. (ca. 1699-1702). Fonte: *Roteiro Prático de cartografia: da América portuguesa ao Brasil Império*. Organização Antônio Gilberto Costa. Belo Horizonte: Editora UFMG. 2007, p.186.

Assim, desde os primeiros anos no Brasil os inacianos buscaram metais e pedras preciosas, tanto em nome de Jesus Cristo como em nome do Rei de Portugal (LEITE, 1956, p. 346). Em 1609, acompanharam D. Francisco de Sousa em uma de suas entradas ao sertão (OLIVEIRA, 2008, p. 146). Todavia, após as primeiras invasões holandesas, os jesuítas que habitavam na Capitania do Espírito Santo se dedicaram principalmente a ajudar os combatentes na Bahia e em Pernambuco (LEITE, 1945, p. 177). Mas após os primeiros anos, continuaram a realizar suas entradas.

Um dos motivos para essa busca seria um endividamento da Província da Bahia em 150 mil cruzados, o qual a Companhia de Jesus pretendia solver com o descobrimento das esmeraldas (RAU & SILVA, 1955, p. 330). Na jornada, feita em 1634, o guia adoeceu no caminho e tiveram de retornar, mas chamo atenção para o fato dos inacianos justificarem sua entrada a partir de uma dívida da província. Fato que, se fosse cumprido, definitivamente garantiria mercês e privilégios aos padres.

Em 1636 receberam uma provisão real para realizarem outra entrada. A provisão explica que o principal motivo para o insucesso das entradas estava no fato dos índios das aldeias não quererem acompanhar os colonos, enquanto que a região das esmeraldas estava ocupada de nativos em guerra com os portugueses. Assim, deu-se a oportunidade aos padres, que mantinham boa relação com os índios das aldeias, para "converter estes gentios a nossa Santa Fé, e me queria tambem servir, procurando, que se descubra este Thesouro a sua custa, sem para isso pedir cousa alguma" (BIBLIOTECA NACIONAL, 1930a, p. 386).

Com a Restauração, a frequência das entradas jesuíticas parece aumentar, simbolizando, talvez, uma valorização da Companhia de Jesus que, durante a União Ibérica, dividia a atenção dos Filipes com os dominicanos e os franciscanos (BOXER, 1973, p. 24).

Após novo pedido feito em 1644, o Conselho Ultramarino recomendou que os jesuítas, por sua proximidade com os índios, seriam a melhor escolha para a realização da entrada (RAU & SILVA, 1955, p. 330). Como afirmou Serafim Leite, "enquanto o movimento ficou circunscrito ao Espírito Sato, justificava-se a intervenção dos Jesuítas como capazes, quase únicos nessa Capitania, de tais jornadas, à sua custa, o que assumia o caráter de serviço público" (1945, pp. 188-189).

E nesse caso, se a Coroa não quisesse financiar a entrada, supôs-se que algum súdito do Rio de Janeiro seria capaz de financiar os 2 mil cruzados que se julgava suficientes para a realização da viagem. Dessa vez, segundo Basílio de Magalhães, ficaram com medo dos rastros de muitos índios e, sem saber qual reação teriam caso se encontrassem, decidiram voltar (MAGALHÃES, B. d., 1935, p. 64).

Percebe-se a valorização do papel do índio nessas entradas, cuja capacidade para locomoção por dias no interior da floresta era admirada e copiada pelos sertanistas (HOLANDA, 1994, p. 36). A viagem de Sebastião Tourinho, que teria encontrado as esmeraldas em fins do século XVI, foi realizada com 150 colonos e 400 índios (TAUNAY, 1924, p. 54). Já a de Pedro Teixeira à Amazônia, em 1637, foi acompanhada por nada menos que 1200 índios (RAMINELLI, 2008, p. 52). Por isso os portugueses valorizavam a presença dos jesuítas nas entradas, onde também poderiam realizar missas e sacramentos, mantendo os viajantes no caminho de Deus. Não é à toa que o padre Acuña é designado para acompanhar Teixeira em sua viagem pelo Amazonas. O contato próximo com os índios era essencial para evitar conflitos não desejados.

Essas duas entradas, mais uma vez, seguiram o roteiro de Marcos de Azeredo. Não é possível dizer que seus filhos, Antônio e Domingos de Azeredo Coutinho, participaram dessas primeiras entradas, mas sabe-se que eles estiveram junto aos inacianos na década seguinte e eram bem vistos pela Coroa, muito provavelmente pelos altos benefícios recebidos por seu pai. Em 1646, entretanto, os irmãos Azeredo se desentenderam com o Capitão-mor do Espírito Santo, Antônio do Couto de Almeida, o que dificultou a saída da entrada em conjunto com os jesuítas. No total foram 37 colonos e 150 índios. Segundo carta do provincial Francisco Carneiro, o papel dos jesuítas, escolhidos no Colégio da Bahia – enquanto o financiamento vinha do Colégio do Rio de Janeiro –, era encontrar as tribos indígenas das proximidades da Serra das Esmeraldas e os converter[36].

---

[36] "No mês de Setembro de 1646, Catálogo correspondente à carta do Provincial, os Padres Luiz de Sequeira, da Cidade de Luanda, Angola, com 39

Um conflito político entre os Azeredo e o Capitão-mor afetou, e provavelmente atrasou a expedição. As disputas pelas patentes das entradas eram comuns e colocavam em jogo os benefícios que seriam recebidos pelos serviços prestados à Coroa portuguesa. Em carta de 1651 ao Capitão-mor, o Conde de Castelo Melhor, Governador Geral do Brasil entre 1650 e 1654, respondia a um pedido do capitão para dar patente da entrada às esmeraldas ao então ouvidor do Espírito Santo, João de Pina[37]. Os conflitos anteriores com Domingos e Antônio Azeredo Coutinho e a tentativa de passar a patente da entrada para outra pessoa indica a existência de outro grupo político na capitania, conflitante com o dos Coutinho (não esquecendo que Marcos de Azeredo casou-se com uma filha de Vasco Fernandes Coutinho). Os donatários, nesse período, já não viviam mais no Brasil e o Capitão-mor expandia seus poderes locais.

O Governador chama a atenção para o fato de que o próprio rei encarregou os irmãos Azeredo para a entrada e, a não ser que eles desistissem das entradas, João de Pina não receberia a patente[38]. Além disso, eles eram próximos dos padres da

---

anos e o P. Vicente dos Banhos, da Cidade do Rio de Janeiro, com 34, já andavam no sertão: *Missio ad* Meditullium. Luiz de Sequeira foi "duas vezes" aos Goitacases e "duas vezes" ao sertão, diz-se em 1679".Ibid., p. 187..

[37] Aparentemente da elite da Capitania, foi Ouvidor em 1650 e depois tornou-se sargento. Tentou a patente para a entrada das esmeraldas, mas foi vetado. Aproximou-se do novo Donatário a partir de 1675 e conseguiu que a patente do Capitão-mor José Gonçalves fosse para ele, sem alcançar sucesso algum.Oliveira, J. T. d., 2008, p. 142..

[38] "Vi o papel que o Ouvdior Joam de pina offeresseu a Vm. para descobrimento das Esmeraldas: mas nam se pode por hora tirar esta jornada aos capitaens Domingos e Antonio de azeuedo a quem SMg.de a tem encarregado, principalmente quando me consta quu. . . a Sam Paulo a buscar lingoa para Ella, & como o tempo de se fazer, he em fim de Abril, e principio de Mayo e já agora he tarde, se elles se nam deliberarem a emprendella o anno q' vem, em tal caso mandarey entam as ordens necessarias para Joam de Pina. Vm. aplique aos azeuedos, e em falta de se disporem me avize porque folgarei muito que em tempo de Vm. se faça esse

Companhia de Jesus, com os quais faziam suas entradas. Seu pai, Marcos de Azeredo, era também muito bem visto por José de Anchieta e teve seu apoio na busca por um "ofício de justiça" no Espírito Santo[39].

A presença dos jesuítas nas entradas diminui a partir de meados dos Seiscentos:

> "entrando na competição os moradores de S. Paulo, havia-os aí capazes também de a tentarem, sobre si, e os Jesuítas deixaram o campo livre aos seculares (...) Os Padres ainda voltaram ao descobrimento das esmeraldas, mas sem responsabilidade direta, apenas como assistentes religiosos da nova expedição, que desta vez se organizou por iniciativa do Donatário do Espírito Santo, Francisco Gil de Araújo, grande amigo e benfeitor do Colégio da Bahia, na fundação da Igreja nova[40]".

Muitas das viagens partidas de São Paulo refletiram outros interesses coloniais: o aprisionamento de índios. O próprio Raposo Tavares, que conhecia os relatos das riquezas minerais, dedicou sua mais impressionante jornada a esse objetivo. Segundo Boxer, ele

---

seruiç a SMg.de, & Receba essa capitania TAM particular beneficio". Carta para o Capitam Mor da Cappitania do Espiritu Santo – em resposta das primeiras suasBIBLIOTECA NACIONAL. *Documentos Históricos: 1648-1661 - Correspondência dos Governadores Gerais - Conde de Castello Melhor, Conde de Athouguia, Francisco Barretto* (Documentos Históricos, Vol. III). Rio de Janeiro: Augusto Porto & C., 1928a. p. 5...

[39] "De uma carta do padre José de Anchieta ao capitão Miguel de Azeredo, morador da Capitania do Espírito Santo, datada da Bahia a 10 de dezembro de 1595, se depreende que Marcos nessa ocasião morava naquela zona e pretendia obter um ofício de justiça, conseguido pela intervenção direta e pessoal do jesuíta"Calógeras, apud TAUNAY, A. d. E. *História Geral das Bandeiras Paulistas* (quinto). São Paulo: Typ. Ideal, 1924. p. 248...

[40] "Cf. diversas provisões da Junta Governativa da Baía, sobre a expedição às esmeraldas pelo Donatário do Espírito Santo, Francisco Gil de Araújo, em 1676. Doc. Hist., XI, 61-65; cf. Cartas Regias, *ib.*, LXVII (1945), 179ss". Leite, S., 1945, pp. 188-189..

saiu de São Paulo em 1648, "atravessou o Paraguai e o Chaco, contornou em seguida o sopé das montanhas andinas, para depois continuar rio Madeira abaixo, até o Amazonas, e alcançar finalmente Belém do Pará, em 1651" (BOXER, 1973, p. 311). Ao enviar o relato de sua viagem ao Conselho Ultramarino, não obteve as mercês que sem dúvidas esperava.

Salvador Correia de Sá e Benevides era um dos conselheiros no período e um entusiasta da Serra das Esmeraldas, disputando cada pedaço do território em que ela poderia estar. Seu parecer negativo sobre o pedido de Tavares, segundo Boxer, diferenciava "as expedições que iam em busca de metais e as que tinham como fim caçar índios" (1973, p. 312). Salvador acreditava nos metais e nas pedras preciosas, e não nas minas "encontradas nas veias dos índios", como se referiu Padre Antônio Vieira. Apenas a primeira alternativa deveria ser digna de ser recompensada[41].

---

[41] Antes, porém, de Salvador assumir o governo das capitanias do Sul (em 1658), o segundo comandante da bandeira de Tavares, Antônio Pereira de Azevedo, foi recompensado pelos seus serviços nessa viagem com o cargo de provedor-mor da Capitania do Espírito Santo. De fato, não se incentivava a captura de índios, mas o descobrimento dos tortuosos caminhos do rio Amazonas continuava uma atividade importante, pois aproximava os portugueses da região de Potosi, no Peru. Ver *Documentos Manuscritos Avulsos da Capitania do Espírito Santo (1585-1822).* (1997). (Vol. 2 CDs). Lisboa: Arquivo Histórico Ultramarino, Instituto de Investigação Científica Tropical. Caixa 1, Doc. n.45..

CONFLITOS POLÍTICOS NA AMÉRICA PORTUGUESA

É interessante notar que o abandono da Capitania por parte dos donatários no século XVII está diretamente ligado ao jogo de interesses imperial. A família Coutinho, dos donatários do Espírito Santo, fazia-se mais participativa na política em Portugal do que em sua Capitania. O Espírito Santo deixou de ser visitado pelos donatários na década de 1630. O último Donatário da família Coutinho foi Antônio Luis Gonçalves da Câmara Coutinho, que em 1690 tornou-se Governador Geral do Brasil e, oito anos depois, vice-rei da Índia. Antes de vender a Capitania para Francisco Gil de Araújo, Antônio Luiz fora nomeado Almotacé-mor[42] de Portugal, em decreto de 1671 (SANTOS, M. N. d., 2008, p. 20). Recebeu o governo de Pernambuco depois e, no ano seguinte, como recompensa por seus trabalhos para a Coroa, chegaria ao cargo de Governador Geral.

Outro elemento a se levar em consideração é o papel dos capitães-mores na falta dos donatários. Sendo indicados pelo Governador Geral ou pelo Conselho Ultramarino, os capitães-mores mantiveram em suas mãos, durante décadas, o controle do Espírito Santo em questões locais, dividindo os seus interesses com os funcionários da Câmara, que subiam ao poder durante sua eventual ausência. Respondiam ao Governo no Rio de Janeiro ou

---

[42] "A almotaçaria, uma das mais antigas e duradouras instituições das cidades de origem portuguesa (...) as atribuições básicas do direito de almotaçaria (controle do mercado, do sanitário e do edificatório) revelam o núcleo profundo daquilo que era entendido como o urbano". PEREIRA, M. R. d. M. (2001). Almuthasib - Considerações sobre o direito de almotaçaria nas cidades de Portugal e suas colônias. *Revista Brasileira de História, 21*(n.42), p. 365..

na Bahia apenas em questões de maior relevância e relacionadas aos interesses da Coroa.

Comecei a observar nessas forças políticas diferentes, alheias à autoridade do Reino e surgidas nas distantes colônias, a clara consequência das dificuldades encontradas por Portugal em controlar todos os espaços de seu Império. A seguir, apresento uma história que é o perfeito exemplo para entender melhor e ter uma noção de como se davam e até onde iam as disputas administrativas no império português.

A CAPITANIA DO ESPÍRITO SANTO NO IMPÉRIO PORTUGUÊS

OS PODERES LOCAIS

José Gonçalves, Capitão-mor do Espírito Santo[43], encontrou-se em 1674 com o Governador Geral Afonso Furtado. Este mostrou interesse na descoberta de pedras preciosas desde que assumira o Governo Geral e "em 1672 (...) afirmava que fora informado de que 'do pé das serras do Sabarabuçu há um rio navegável que se vai meter no de São Francisco'" (CARRARA,

---

[43] Foi nomeado diretamente pelo Rei, por indicação do então Donatário Antônio Luiz Gonçalves da Câmara Coutinho, em 1671, antes que este vendesse a capitania. Ambos moravam em Portugal e José Gonçalves só no ano seguinte assumiria seu cargo no Espírito Santo. Ele era Cavaleiro da Ordem de Santiago e já havia servido à Coroa tanto em Portugal, na Província do Minho, como no Brasil, sendo Soldado, Alferes e Capitão de Ordenança em Pernambuco. Registro da Carta Patente de José Gonçalves de Oliveira por que Sua Alteza o proveu no cargo de Capitão da Capitania do Espírito Santo e das postilas que tem. BIBLIOTECA NACIONAL. *Documentos Históricos: 1672-1675 - Provisões, patentes, alvarás, sesmarias, mandados, etc.* (Documentos Históricos, Vol. XXV). Rio de Janeiro: Typographia do Archivo de História Brasileira, 1934. p. 93..

2007, p. 586). Furtado sentia-se próximo de sua descoberta. Trocou correspondência com Fernão Dias, sendo o responsável pela carta patente que deu permissão ao sertanista para fazer a entrada em busca da Serra das Esmeraldas – também chamada de *Sabarabuçu*. Muito impressionado pela capacidade de Fernão Dias[44], Furtado não viveu o suficiente para ver o fim da viagem do desbravador.

José Gonçalves se tornou mais uma esperança para o governador. Porém, ele e o Donatário Francisco Gil de Araújo, em 1675, protagonizaram um enfrentamento político pela patente para a entrada ao sertão em busca da Serra das Esmeraldas. Como afirma Marcelo Motta Delvaux, essa disputa,

> além de envolver a cobiça pela imensa riqueza que a Serra das Esmeraldas poderia legar a seus descobridores, parece derivar-se, também, de uma relativa certeza a respeito de sua localização. Isto fica evidenciado na carta em que Afonso Furtado de Castro concede a patente de capitão-mor do descobrimento das esmeraldas a José Gonçalves, onde afirma "por ficarem os Serros em que há tradição haver Esmeraldas na altura da Capitania do Espirito Santo". A convicção de se saber onde as esmeraldas se encontravam trazia a expectativa da infalibilidade de sua descoberta, motivando os exploradores e, também, acirrando os ânimos em torno dos privilégios para a realização da empresa (DELVAUX, 2009, p. 163).

---

[44] "Os Cabos que vieram me deram particular informação da pessoa, cabedal, industria e zelo de V. M. para este intento". Carta que se escreveu ao Capitão Fernão Dias Paes morador na Villa de São Paulo. BIBLIOTECA NACIONAL. *Documentos Históricos: 1663-1677 - Correspondência dos Governadores Gerais Conde de Obidos, Alexandre de Souza Freire, Alfonso Furtado de Castro do Rio de Mendonça, Regimento dado ao Governador Roque Barreto* (Documentos Históricos, Vol. VI). Rio de Janeiro: Augusto Porto & C., 1928b. p. 201..

Delvaux não se aprofunda no impressionante conflito político entre os dois protagonistas, que se amplia por diversas camadas político-administrativas do império português. É preciso, entretanto, compreender a profundidade dessa disputa para entender como certas regiões da Capitania do Espírito Santo eram desejadas em diferentes níveis de poder no período moderno.

Em carta ao Reino, o capitão, quando impedido por Francisco Gil de fazer a entrada, mostrou-se subordinado às vontades do Governador Geral e do soberano:

> escrevi a Francisco Gil de Araujo que o querer eu fazer essa jornada era serviço de VA. e ordem do governador geral e que sendo que lhe vieçe a elle a ordem pera por sua via se fazer eu lhe hangaria todo o meu apresso e seria por Soldado Razo nessa jornada e que não dezistia della por aver avizado a VA. e ter ordem e patente do meu governador geral. Ser ordem sua e não intento meu que com elle trataçe o que eu avia de fazer per não estar na minha mão dezistir do que foi ordem do meu maior principiei, e que tambem tinha dado a VA. parte que per todas estas rezões não podia dezistir, na mesma ocazião escrevi ao governador geral que Francisco Gil de Araujo me empedia a jornada (...)[45].

Ele se encontrava entre duas fontes de poder, pois devia obediência aos desígnios do Governo Geral ao mesmo tempo em que respondia ao Donatário. Seu vago posicionamento contra as decisões de Francisco Gil demonstra que dava mais importância à vontade do Rei português, a cujo serviço faria a entrada. Preocupado com a possibilidade de perder sua patente para o novo

---

[45] Carta de José Gonçalves de Oliveira, ao rei [D. Pedro II] a informar que o Coronel Francisco Gil de Araújo o impediu da sua ida na jornada das minas de esmeralda. Documentos Manuscritos Avulsos da Capitania do Espírito Santo (1585-1822), 1997. Caixa 1, Doc. n.85.

Donatário, José Gonçalves escreveu carta para o Rei em 2 de junho de 1675. Os desígnios do Capitão foram confirmados por uma segunda carta, enviada pela Câmara quatro dias depois. Ele buscava autorização superior para realizar sua entrada e também promessas de recompensas para aqueles que o acompanhassem na descoberta,

> suposto que se ficava aviando não havia de fazer a viagem sem o consentimento de Vossa Alteza, porque queria também que Vossa Alteza com promessa de que descobrindo-se estas minas faria mercês aos que acompanhassem para que com a esperança de prêmio obrassem como leais vassalos de Vossa Alteza[46].

Os capítulos anteriores mostraram que era comum receber mercês pelos serviços prestados à Coroa. O enriquecimento dos cofres de Portugal, que ocorrerá principalmente ao final do século XVII com a descoberta do ouro, será um dos caminhos para a consolidação da hierarquia social portuguesa[47]. Assim, José Gonçalves não só conseguiu a permissão real para a realização de

---

[46] "Sôbre o que escrevem José Gonçalves de Oliveira, capitão da capitania do Espirito Santo, acêrca da jornada das minas de esmeraldas por que se ficara apresentado, e sôbre o que também escrevem os oficiais da Câmara a mesma capitania e o donatário dela, Francisco Gil de Araújo e vão as cópias dos papéis que se acusam". BIBLIOTECA NACIONAL. *Documentos Históricos: Consultas do Conselho Ultramarino, Bahia e Capitanias do Norte - 1674-1687; Rio de Janeiro - 1757-1807* (Documentos Históricos, Vol. XCII). Rio de Janeiro: Biblioteca Nacional, 1951. p. 211..
[47] A fidalguia e os hábitos das ordens exerciam certa atração sobre a população. Os fidalgos eram, afinal, da baixa nobreza portuguesa. Assim como as Ordens do reino disputavam com o clero a função de direcionadores da sociedade. Ambas – fidalguia e as ordens – se encontravam mais próximas da população do que a Grande Nobreza e podiam ser alcançadas prestando serviços ao rei. Veja mais sobre o assunto em: Veja mais sobre o assunto em COELHO, A. B. (2001). Os argonautas portugueses e o seu velo de ouro (séculos XV-XVI) *História de Portugal* (pp. 87-106). São Paulo: UNESP. .

sua jornada como também recebeu "um hábito de Cristo, dois de Assis, dois de Santiago, com vinte até quarenta mil réis, e quanto aos foros de fidalgos se terá respeito conforme a qualidade das pessoas e serviço que fizerem" (BIBLIOTECA NACIONAL, 1951, p. 211), segundo parecer do Conselho Ultramarino. Porém, caso não realizasse a viagem até abril do ano seguinte, quando as marés estariam favoráveis para seguir pelo Rio Doce adentro, a patente passaria a Francisco Gil de Araújo.

O Donatário, que até então morava na Bahia, também escreve carta ao Rei, afirmando que o Capitão preparava a viagem sem autorização do Governador Geral e que não era capaz de realizar a busca por não ter experiência nem haver servido ao Rei anteriormente ("Documentos Manuscritos Avulsos da Capitania do Espírito Santo (1585-1822)," 1997 Caixa 1, Doc. n.83). Como não recebeu apoio de Portugal, tentou, em seguida, conter José Gonçalves por meio de influência sobre a Câmara.

A Câmara, assim como a Ouvidoria e outras instituições públicas da época, sempre fora utilizada pela elite portuguesa como meio de colonizar a administração na América portuguesa. De acordo com Maria Fernanda Bicalho, os cargos camarários eram "uma das principais vias de acesso a um conjunto de privilégios que permitia nobilitar os colonos; e que, ao transformá-los em cidadãos, levou-os a participar do governo político do Império" (Bicalho, M. F. apud PUNTONI, 2009, pp. 44-45).

Percebendo a importância central desses cargos, as elites locais os disputavam a cada eleição a fim de escalar a hierarquia administrativa e se posicionar mais próximos da Coroa. Lembro o caso em que os camarários deixaram de realizar eleições, mantendo o usufruto da administração da Capitania enquanto o Capitão-mor encontrava-se na Bahia. E uma maneira de controlar a câmara foi a partir de sua colonização (HESPANHA, 2001, p. 136).

Um dos principais elementos de poder e influência dos donatários na América portuguesa, segundo Antônio Hespanha, eram as concessões de sesmarias, "a forma mais tradicional, contínua e decisiva de concessão de terras no Brasil" (2001, p. 132). Como eles poderiam oferecê-las a "quaisquer pessoas de qualquer qualidade e condição" (BIBLIOTECA NACIONAL, 1948, p. 170), tinham em mãos uma força persuasiva, capaz de criar seu próprio espaço de poder autônomo.

A rede clientelar que poderia se formar através de doações e acordos entre diferentes partes da administração atraía as elites coloniais. O acesso a importantes documentos levava essa elite a lutar para colocar seus aliados nesses lugares estratégicos da administração. Elas alcançavam assim níveis ainda mais altos de controle e poder.

De acordo com Francisco Alberto Rubim, com esse objetivo e também com o de incentivar o povoamento do Espírito Santo, Francisco Gil de Araújo trouxe da Bahia "muitos casais, doando-lhes terras para lavrarem e a todos os moradores assistiu com cabedal considerável para fornecerem os seus engenhos e lavouras que avultaram por esta causa muito naquele tempo" (1900, p. 162).

Além de beneficiar os colonos que trouxe com ele, o Donatário já era muito próximo dos jesuítas e benfeitor do Colégio da Bahia, onde depois foi sepultado. Atuou junto a eles também no Espírito Santo. Em 1678, o Reitor do Colégio de Santiago, na Vila de Vitória, era seu amigo pessoal e foi beneficiado na marcação das terras da fazenda de *Carapina*, que pertencia à Companhia de Jesus (LEITE, 1945, p. 151). Além disso, financiou algumas das entradas com participação dos jesuítas em busca da Serra das Esmeraldas (LEITE, 1945, pp. 188-189, Nota 2).

De acordo com carta escrita em 1682 (ano em que retornou à Bahia) e que fala de todas as suas obras e ações na capitania, a aldeia de Guarapari foi elevada a Vila da Conceição (hoje novamente Guarapari), e um templo foi construído com seu financiamento, enquanto outros foram reformados (LAMEGO, 1920, p. 145). As reformas nos fortes e o consequente aumento nos números da infantaria certamente contaram para que fosse bem visto entre os soldados, assim como a quitação das dívidas do dote da Paz de Holanda, que até então era retirado dos rendimentos da Capitania.

Mais importante para o nosso caso, Francisco Gil reformou também a Câmara da Vila da Vitória e construiu o prédio da Câmara da Vila do Espírito Santo, valorizando o potencial dos camarários como aliados. Pode, também, ter sido uma mercê dada pelos trabalhos realizados em seu nome antes mesmo dele assumir a Donataria.

Em dezembro de 1675 o Capitão-mor José Gonçalves de Oliveira recebeu do Rei a patente para a entrada das esmeraldas, mas foi interrompido por uma ação da Câmara que, sem contrariar as vontades do novo Donatário e agindo em nome dele[48], impediu o Capitão de partir. Em carta de 15 de março de 1676, a semanas da data em que pretendia partir, ele relata uma série de acontecimentos que o levariam à prisão domiciliar, realizada pelos camarários. Ele também perdeu o cargo de Capitão-mor, cujas funções passaram à Câmara à espera da nomeação de outro Capitão.

OS PODERES COLONIAIS

A perda da patente – uma consequência da morte do Governador Geral e do abandono de seus planos – fez com que José Gonçalves escrevesse ao Governador do Rio de Janeiro, buscando apoio contra a retirada indevida do seu cargo[49]. A

---

[48] Era comum o uso de procurações no Antigo Regime português: "Tal peculiaridade portuguesa é talvez o espelho de uma acentuada mobilidade que requeria a frequente necessidade de os indivíduos se fazerem representar por terceiros". COSTA, L. F. (2006). Entre o açúcar e o ouro: permanência e mudança na organização dos fluxos (séculos XVII e XVIII) *Nas rotas do império: eixos mercantis, tráfico e relações sociais no mundo português* (pp. 97-134). Vitória: EDUFES. p. 104. .

[49] Opondo-se à carta patente que nomeava ao cargo de Capitão, a homenagem liberava o ocupador do cargo, para que outra pessoa fosse

elevação dos governantes do Rio de Janeiro e de Pernambuco a governadores e capitães gerais ocorreria oficialmente apenas em 1697 (PUNTONI, 2009, p. 71). Porém, antes disso, ambos já mostravam-se bastante fortes diante do Governo Geral na Bahia.

Até meados do século XVII os governadores gerais eram os chefes supremos na colônia brasileira. O primeiro Governador Geral, Tomé de Souza, assumiu em 1549 com o objetivo de iniciar no Brasil uma força capaz de acelerar a colonização e proteção do território, combatendo o perigo espanhol, que surgia em sua expansão. Puntoni afirma que, apesar do poder do Governador Geral ultrapassar o dos donatários, ou se sobrepor a eles, "substituindo-os em algumas funções", eles não anulavam seu espaço de autoridade (2009, p. 40). O regimento ao qual seguiam permitia que os governadores atuassem acima e além dele, caso o serviço à Majestade pedisse uma decisão diferente. E como o mundo colonial diferia – e muito – do mundo europeu, português, com o qual a comunicação era bastante lenta, eram comuns as constantes mudanças no regimento para aprimorá-lo e adequá-lo à colônia. Também era comum a sua não utilização[50].

Em casos que ainda não tinham sido previstos, o governador poderia formar um conselho com a participação do bispo, do chanceler da Relação da Bahia e do provedor da Fazenda Real. Foi o que aconteceu quando, em 1656, um navio vindo de Buenos Aires atracou no porto da Vila de Vitória. Era proibido então comerciar com nações estrangeiras, mas havia interesse pelo que vinha da Bacia do Prata e também pelo sustento da atividade comercial na capitania, que estava em crise econômica. Após se

---

nomeada em seu lugar.

[50] "eles atuavam num mundo estranho e não balizado, ele próprio subvertido nos seus estilos pela erupção dos europeus, um mundo em mudança, semelhante ao que Maquiavel descrevia no seu famoso tratado, em que a justiça tinha que ser criada, *ex novo*, pela vontade do príncipe, tirando partido da oportunidade e das mutáveis circunstâncias do tempo." HESPANHA, A. M. (2001). As estruturas políticas em Portugal na Época Moderna *História de Portugal*. Portugal: Instituto Camões. pp. 133-134. .

aconselhar, o governador concedeu "licença para poderem vender, empregar, e voltar livremente ao Rio da Prata debaixo de fiança e abonação da Câmara" (OLIVEIRA, 2008, p. 145).

Essas possibilidades faziam do Governo Geral a mediação que faltava, até então, entre a periferia do Império e a Metrópole, garantindo a existência portuguesa em sua colônia na América. Nas palavras de Puntoni, "um organismo político-administrativo que ocupa um determinado território, isto é, estabelece o Estado do Brasil no lugar da já antiga província de Santa Cruz" (2009, p. 41). É a tentativa de centralização da política, anteriormente fragmentada pelas capitanias hereditárias. Essas, até então, não possuíam uma orientação única e dependiam das demoradas decisões vindas de Lisboa.

Porém, após a morte do governador Afonso Furtado de Castro do Rio de Mendonça em 1675, o Governo Geral não foi exercido por uma única pessoa, mas por junta governativa provisória, instituída pelo próprio Afonso Furtado[51] e que permanecerá no poder até 1678. Essa junta foi a responsável por interromper os planos e impedir a jornada de José Gonçalves de Oliveira. E foi ao governador do Rio de Janeiro que ele procurou, em busca de apoio, conseguindo-o tanto dele como do Conselho Ultramarino (BIBLIOTECA NACIONAL, 1951, p. 211).

Segundo os conselheiros, José Gonçalves procedeu corretamente ao não entregar o cargo à Câmara. Também, não havendo Francisco Gil tomado posse da donataria, não poderia retirá-lo do cargo de Capitão-mor. Essa tentativa de ultrapassar sua jurisdição lhe rendeu uma advertência do próprio Rei. Mesmo assim, o Rei lhe enviou uma carta para que pudesse levantar a

---

[51] Ela era composta por: Agostinho de Azevedo Monteiro, chanceler da relação da Bahia; Álvaro de Azevedo, mestre de campo; e António Guedes, juiz ordinário. SILVA, I. A. d. C. e. *Memórias históricas e políticas da Província da Bahia, Anotado por Braz do Amaral* (I). Bahia: Imprensa Oficial do Estado, 1919. p. 126..

homenagem apenas quando chegasse na capitania e tomasse posse como Donatário.

OS PODERES METROPOLITANOS

Inicialmente, então, o Rei agiu de maneira cautelosa, tentando estabelecer uma solução para o conflito. Deixou a decisão nas mãos do Governador Geral, que era seu mediador na colônia. A Monarquia, pelas informações presentes nas cartas e relatórios enviados pelos súditos, prestava atenção às irregularidades e aos conflitos de poder periféricos. Segundo Puntoni, ela "se aproveitava de tais situações para intermediar os conflitos e oferecer um ponto de fuga ao jogo político em curso num território tão distante" (2009, p. 70).

Diante do alastramento do conflito para diversas instâncias da administração imperial e com a sobreposição indevida das jurisdições por parte dos envolvidos, o Rei, junto ao Conselho Ultramarino, se viu na obrigação de lembrar o regimento e a jurisdição dos cargos a fim de identificar a posição de cada um na hierarquia imperial.

Todas as suas decisões, não por acaso, foram tomadas a partir de relatórios e pareceres provenientes do Conselho Ultramarino. Fundado após a Restauração, em 1642, o órgão era sucessor do Conselho das Índias na mediação entre o soberano e as elites coloniais. A importância do Conselho na política da colônia portuguesa na América tornou-se evidente ainda nos primeiros anos, sendo responsável pela indicação dos governadores gerais e inclusive (mesmo que não ocorresse constantemente), dos capitães-mores das capitanias da Coroa. Aparentemente, na segunda metade do século XVII dois terços dos indicados eram providos ao cargo (PUNTONI, 2009, pp. 65-66), comprovando a eficácia e a influência do órgão.

Formado por burocratas e letrados portugueses[52], o Conselho tinha como objetivo aconselhar o Rei na solução de disputas e determinação de jurisdições. O Conselho Ultramarino foi consultado, por exemplo, na venda da capitania para Francisco Gil, na mercê da patente e permissão de promessas de recompensa aos que acompanhassem José Gonçalves, além de ter apresentado pelo menos três pareceres (1675, 1676 e 1679) ao soberano sobre como interferir nos conflitos da Capitania do Espírito Santo.

Nesses três pareceres o Rei acatou as decisões dos conselheiros, com pequenas ressalvas[53]. Para que o Conselho fosse capaz de tomar decisões adequadas em relação ao ultramar, insistia-se que seus membros fossem pessoas que já tivessem experiência no ultramar, o que ocorreu durante o século XVII (PUNTONI, 2009, pp. 65-66), quando a maioria de seus membros tinha essa experiência.

Acostumados a uma vida de viagens, diferente da que se levava no Reino, esses conselheiros tinham em terras distantes familiares, amigos e conhecidos que poderiam apadrinhar e influenciar em direção aos seus próprios interesses no ultramar. Segundo Myrup, eles "eram influenciados por interesses,

---

[52] Os primeiros estavam presentes por causa de sua linhagem nobre. Os segundos faziam jus à formação acadêmica e à experiência que ganhavam no exterior, depois de anos subindo pela hierarquia jurídica até tornarem-se desembargadores nos tribunais imperiais, principalmente os da Bahia e de Goa, de onde muitas vezes saíam já como membros do Conselho Ultramarino. Segundo Myrup, "os membros do Conselho que serviram nas margens do Império geralmente o fizeram com grandes despesas e sacrifício pessoal, esperando no final das contas ser recompensados por seus esforços". MYRUP, E. (2009). Governar a distância: o Brasil na composição do Conselho Ultramarino, 1642-1833 *O Brasil no império marítimo português*. Bauru: EDUSC. p. 271 e 184. .

[53] Em 1675, alterou a quantidade de hábitos das ordens que seriam oferecidos aos que encontrassem a Serra das Esmeraldas; no seguinte, seguiu o parecer do Conselho, pedindo que propusesse também o que fazer em relação a Francisco Gil de Araújo, que ultrapassara sua jurisdição; e em 1679, abraçou completamente o parecer, sem qualquer ressalva, aprovando finalmente a ida de José Gonçalves de Oliveira, agora não mais Capitão-mor do Espírito Santo, na esperança de encontrar no sertão da Capitania riquezas que compensassem os gastos.

experiências e opiniões pessoais" (2009, p. 265). Criavam uma rede clientelar que ligava o Reino à América portuguesa e outras colônias, e da qual obtinham grandes benefícios:

> Nesse sentido, os conselheiros da Coroa desfrutaram de muitos benefícios que, sendo difíceis de medir, não eram menos tangíveis que seus salários e outras vantagens. (...) Como o Conselho Ultramarino explicou na recomendação de um de seus membros para uma indicação eclesiástica em janeiro de 1672: os membros do tribunal eram obrigados a recomendar os bons serviços de seus colegas, não apenas para que esses pudessem ser agradecidos, mas mais particularmente para que eles fossem recompensados (MYRUP, 2009, p. 268).

Os benefícios que os membros do Conselho Ultramarino obtinham com seus cargos eram difíceis de medir. Por isso, não se consegue mensurar seus interesses em relação à descoberta das esmeraldas no interior da Capitania do Espírito Santo através dos pareceres apresentados à Coroa. Mas posso me aventurar nesse assunto, aproximando seus interesses dos interesses dos súditos da colônia. É o caso, por exemplo, de José Gonçalves de Oliveira, que tentava não só corresponder aos interesses de seus superiores como se aproveitava da situação para conquistar novos benefícios, tanto para si como para seus amigos e conhecidos que o seguiriam na jornada. É, também, o caso do donatário do Espírito Santo.

AS MERCÊS E OS INTERESSES DE FRANCISCO GIL DE ARAÚJO

Coronel, donatário e senhor de terras, Francisco Gil de Araújo buscava a mesma coisa: mercês. Em seu caso, um incentivo para subir na hierarquia político-administrativa portuguesa. Sua carreira é bastante interessante nesse sentido, pois foi graças às mercês que recebeu durante sua vida que alcançou tamanho status na colônia.

Em outubro de 1638, Gil de Araújo foi elevado de Alferes a Capitão, uma mercê pelos três anos de luta contra os holandeses e principalmente por sua participação na vitória contra Maurício de Nassau em 18 de maio (BIBLIOTECA NACIONAL, 1930b, p. 92). A carta patente destaca o fato de que, apesar de ter sido queimado nas mãos e no rosto, o alferes não abandonou a batalha, mas continuou na luta contra os invasores.

Os relatos da carta patente estão de acordo com o que afirma Raminelli sobre a mudança nos assuntos dos relatórios enviados à Coroa:

> Na luta contra os neerlandeses, os valorosos guerreiros luso-brasileiros não mais recorriam às riquezas nativas com a intenção de realçar seus feitos. Para receber títulos, tenças e cargos na governação, eles arrolavam as batalhas, os assaltos, os ferimentos e as mortes provocados pelo confronto. Os serviços militares bastavam para alcançar as mercês (RAMINELLI, 2008, p. 60).

Esses relatos garantiram outros benefícios para Gil de Araújo, que teve o pedido de reforma feito em seu nome pela amizade que tinha com seu mestre de campo (*Cartas do 1º Conde da Torre*, 2001, p. 250). O mesmo relato dos ferimentos aparece em outra carta, em junho de 1639, menos de um ano depois da primeira. Nesta, ainda em benefício pelos serviços prestados na batalha de 18 de maio, o agora Capitão passou a receber "dois cruzados de vantagem cada mez sobre qualquer soldo que tiver (...) e paguem da Fazenda de Sua Magestade todo o tempo que o servir com qualquer occupação, ou cargo assim de guerra como de outro qualquer" (BIBLIOTECA NACIONAL, 1930b, p. 333). Quatro meses depois, recebeu a patente de Capitão de Couraças de Cavalo, regimento que ele mesmo se ofereceu para levantar. Com sua própria renda, diz a carta, armava seus soldados (BIBLIOTECA NACIONAL, 1930c, p. 74), indício de sua boa situação financeira.

Situação essa que melhorou ainda mais a partir de 1668, quando os governantes da Bahia, interessados em proteger o território para evitar novas invasões, dividiram o "Reconcavo em differentes partidos, cujas companhias seriam governadas por Coroneis". Assim, Francisco Gil de Araújo foi elevado ao cargo de "Coronel do Partido das freguezias da Saubara, Patatiba, Sergipe do Conde, Nossa Senhora do Monte, Nossa Senhora do Soccorro" (BIBLIOTECA NACIONAL, 1936, p. 414).

Quando comprou a Capitania do Espírito Santo, em 1674, Gil de Araújo já estava estabelecido com um bom rendimento, apoio dos jesuítas e uma grande fazenda, para a qual retornaria em 1682. Um de seus principais interesses era a busca pelas esmeraldas, a qual não conseguiu encontrar em nenhuma de suas supostas 14 entradas.

Provavelmente por esse interesse, fez questão de estabelecer o território que lhe pertencia durante o seu governo no Espírito Santo. Seus conflitos no estabelecimento das fronteiras da capitania refletem outros conflitos, coloniais e internacionais, sobre a posse dessa região, ao mesmo tempo desejada (devido às sonhadas esmeraldas) e abandonada (devido ao baixo povoamento e dificuldade de expansão). Avaliarei esses conflitos a seguir.

ESPAÇOS E FRONTEIRAS

Durante o período colonial brasileiro, as fronteiras das capitanias eram bastante subjetivas. Apesar de se considerar, a partir das cartas de doação, a área litorânea de 50 léguas para as primeiras capitanias, não era fácil estabelecer essa área, por não saberem os colonos onde começavam e onde terminavam as tais 50 léguas.

Nos primeiros anos de Vasco Fernandes Coutinho no Espírito Santo, ele estabeleceu com Pero de Góis o limite entre sua capitania e a de São Tomé (ou Paraíba do Sul). Esse limite era o rio Itapemirim (OLIVEIRA, 2008, p. 24). No governo de Francisco Gil de Araújo, entretanto, essa fronteira passou a ser contestada devido à demarcação feita pelos novos donatários da Paraíba do Sul e terras mais ao sul, João Correia de Sá e o Visconde de Asseca, filhos de Salvador Correia de Sá e Benevides.

Segundo Alberto Lamego, "no mappa apresentado a el-rei declararam: 'a capitania que foi de Gil de Goes [sic] começa em *Santa Catharina das Mós*, rio Itapemirim, donde parte da banda do norte com a do Espirito Santo'" (LAMEGO, 1938, pp. 111-112), fronteira aparentemente contestada por Francisco Gil. Como os marcos divisórios postos pelos senhores da capitania vizinha estavam sendo arrancados, o donatário do Espírito Santo recebeu ordem do Ouvidor do Rio de Janeiro para impedir sua retirada até que se comprovassem os limites das duas capitanias. Até que isso ocorresse, a fronteira seria considerada o rio Itapemirim, onde os Correia de Sá fundaram a vila de Santa Catarina das Mós (SALVADOR, F. V. d., 1627, p. 25). Como não houve demarcação dos territórios do Espírito Santo, esse rio manteve-se como fronteira sul do Espírito Santo durante o período colonial, seguindo a fronteira dos primeiros donatários.

Não se sabe qual foi o mapa apresentado pelos Correia de Sá para definição dos limites entre as duas capitanias, mas o uso da cartografia para definição de fronteiras coloniais merece destaque. Chamo atenção para o fato de que, nas obras cartográficas vistas até agora – tanto os de João Teixeira Albernaz, no primeiro capítulo, como os de origem holandesa, no segundo –, o limite sul da Capitania do Espírito Santo é considerado o Cabo de São Tomé, quase 100km ao sul da atual fronteira com o Rio de Janeiro e quase o dobro até o rio Itapemirim. Talvez seja possível acreditar que Francisco Gil, com acesso a informações semelhantes, via aí o motivo para contestar o que alegavam seus vizinhos.

Esses limites eram bastante vagos durante o período colonial e as capitanias, muitas vezes limitadas a poucas povoações litorâneas, tendiam a se confundir. No caso do Espírito Santo, essas regiões eram disputadas não só ao sul como também ao norte. A Capitania de Porto Seguro muitas vezes teve sua fronteira sul situada no rio Doce.

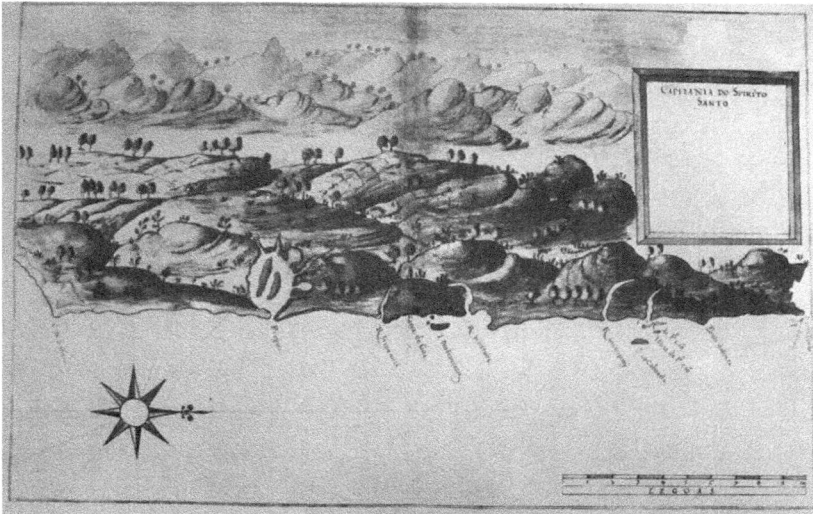

Figura 12 - Capitania do Espirito Santo. Autor: ALBERNAZ I, João Teixeira. In *Atlas Estado do Brasil coligido das mais sertas notícias que pode aiuntar D. jerônimo de Ataíde.* 1631. Arquivo: Mapoteca do Itamaraty, Rio de Janeiro.

As infiltrações fronteiriças tornaram-se ainda mais fortes no século XVIII, após a Capitania do Espírito Santo passar para a administração da Coroa, sendo governada a partir da Bahia. Menos de duas décadas após o descobrimento das primeiras grandes jazidas de ouro em seu território, a morte de Manuel Garcia Pimentel (filho de Francisco Gil) em 1711, gerou o interesse da Coroa em adquirir a região. A compra foi efetivada em 1718 (OLIVEIRA, 2008, p. 195).

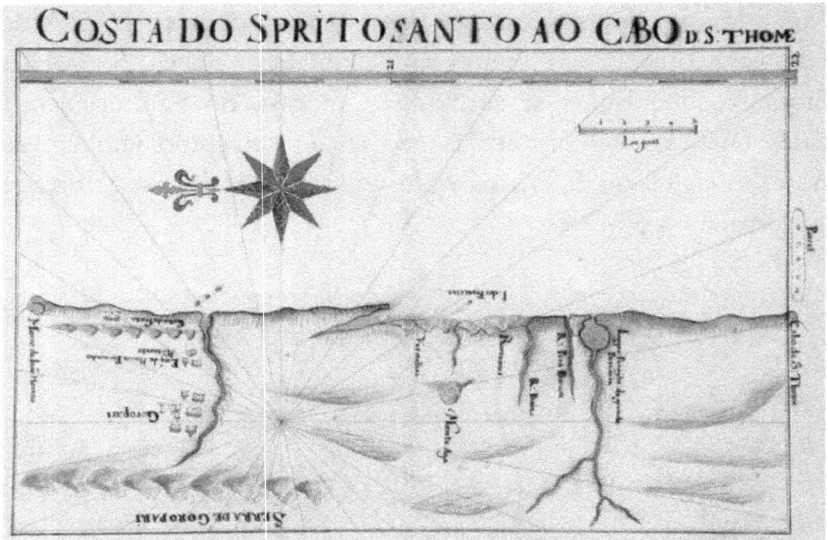

Figura 13 - Costa do Spirito Santo ao Cabo d S. Thome. Autor: ALBERNAZ II,
João Teixeira. In *Livro de toda a Costa da provincia santa crvz*. 1666.
Arquivo: Ministério das Relações Exteriores, Brasil.

Reparei, porém, que nos mapas presentes nesse trabalho, a fronteira norte do Espírito Santo aparece nos mapas sempre na altura do rio Doce. Não foi possível determinar o momento na história em que a fronteira com a Bahia tivesse sido considerada o rio Doce. Mesmo assim, é a informação que os cosmógrafos trazem: as legendas dos apógrafos do livro *Razão do Estado do Brasil* indicam a fronteira no rio Doce; no atlas de 1631, João Teixeira escreve, à altura do rio, que "aqui começa a Capitania de Porto Seguro"; nos atlas de 1642 e de 1666, respectivamente de João Teixeira e seu neto homônimo, o Espírito Santo acaba na "Ponta do Rio Doce". A mesma coisa ocorre no mapa de Châtelain – traça no rio a linha divisória.

Manuel Aires de Casal descreveu em 1817, em seu livro *Corografia Brasílica ou Relação Histórico-Geográfica do Reino do Brasil*, as fronteiras da província do Espírito Santo. Segundo ele,

Esta província compreende três quartos da capitania
do mesmo nome dada no ano de mil quinhentos e

trinta e quatro a Vasco Fernandes Coutinho em remuneração dos serviços, que na Ásia fizera à Coroa. Trinta e oito léguas contadas do rio Cabapuana até o rio Doce, seu limite setentrional, são a sua extensão N. S. A largura L. O. ainda não está de todo determinada, por estar o terreno em poder de selvagens. Confina ao norte com a de Porto Seguro; ao poente com a de Minas Gerais; ao meio-dia com a do Rio de Janeiro; ao oriente é banhada pelo oceano (CASAL, 1943, p. 42).

A fronteira oeste, vvista também nos mapas, é bastante vaga: o terreno era controlado pelos nativos. Mas ele discorda de alguns mapas ao demarcar o limite ao sul no rio Itabapoana (como visto, atual fronteira entre os estados), mas concorda com o limite norte no rio Doce.

Hélio Vianna, em sua edição crítica do *Razão do Estado do Brasil*, também questiona o fato: "o próprio texto do *Livro que dá Razão do Estado*, no capítulo referente à vizinha capitania, apresentava como limite o rio Circacem ou Cricaré, hoje São Mateus" (MORENO, 1955, p. 82), recebendo também o nome do município onde se localiza sua foz.

Entretanto, o texto não é tão claro quanto quer Vianna. Está escrito:

A capitania de Porto Seguro parte com o Espírito Santo pelo rio Doce, em dezenove graus, ou segundo outros querem pelo rio Cricaré, mais ao Norte, que foi o ponto por onde se dividiu este Estado entre D. Francisco de Sousa e D. Diogo de Menezes (MORENO, 1955, pp. 123-124).

Apesar de Moreno propor que a fronteira no rio Doce era a estabelecida antes da divisão da América portuguesa em duas repartições, isso também não encontra fundamento[54]. O que posso perceber é que a divisão do território brasileiro entre as repartições do Norte e do Sul, dada em 1608 – e que durou até 1612 –, colocava as terras ao Sul do rio Cricaré sob a administração de D. Francisco de Sousa, enquanto Moreno escreveu a *Razão do Estado do Brasil* por orientação de D. Diogo de Menezes, governador da repartição do Norte.

Sabe-se também que Diogo de Menezes queixou-se ao Rei sobre a criação da repartição do Sul, por acreditar que tais interesses políticos pela região dos desejados metais e das pedras preciosas não tinham validade: de acordo com ele, "as verdadeiras minas do Brasil são açúcar e pau-brasil" (FREIRE, 2006, p. 109). Assim, questionava a perda do território não pela jurisdição sobre a região do *Sabarabuçu*, mas provavelmente pelas terras onde poderia plantar cana e cortar madeira.

A repartição do sul foi criada como mercê do rei a D. Francisco de Sousa que, além disso, também recebeu a jurisdição sobre todas as minas do Brasil, com os mesmos privilégios que Gabriel Soares de Sousa havia recebido antes dele (BETHENCOURT, 1998, p. 321). Realizou entradas tanto por Porto Seguro como pelo Espírito Santo e principalmente por São Paulo (como visto em parte nos capítulos anteriores), mas nunca fez grandes descobertas, desaparecendo a repartição em 1612.

Salvador Correia de Sá e Benevides, ao assumir a nova repartição do sul, criada em 1658, tinha interesses semelhantes ao de D. Francisco de Sousa. Escreveu um memorial 12 anos antes explicando motivos para a criação da repartição, mas foi apenas após a sucessão de D. João IV e a volta de Salvador Correia da Angola que este conquistou o governo das capitanias do sul.

---

[54] "O Cricaré nunca deixará de ser considerado em território desta capitania. Assim se referiu Mem de Sá na carta em que comunicou, ao rei, a morte do filho". FREIRE, M. A. *A Capitania do Espírito Santo: Crônicas da Vida Capixaba no tempo dos Capitães-mores*. Vitória: Flor & Cultura Editores, 2006. p. 107..

Segundo Charles Boxer, o motivo para as aspirações de Correia de Sá era simples:

> as extraordinárias conquistas de Cortez e Pizarro, e a rapidez com que se descobriram minas de ouro e de prata na América Espanhola inspiraram, naturalmente, nos colonos do Brasil a firme convicção de que riquezas semelhantes em minerais deviam existir do outro lado das linhas de Tordesilhas (BOXER, 1973, p. 309).

Anthony Knivet, cujas aventuras comentei anteriormente, relatou ter encontrado a Serra Resplandecente em uma expedição que saiu do Rio de Janeiro e foi organizada pelo pai de Salvador, Martim de Sá, seu senhor (1625/2008, p. 38). Os relatos dessa e de outras viagens com certeza chegaram a Salvador, que passou sua juventude em São Paulo, e influenciaram seus desejos na descoberta das riquezas do sertão. Era um "interesse pessoal avivado pelo contato com muitos dos mais afamados exploradores dos sertões como André Fernandes e Antônio Raposo Tavares" (BOXER, 1973, pp. 310-311).

Ele fez cálculos baseados nas informações das entradas que teriam encontrado o *Sabarabuçu* (nesse caso, as minas de prata), e deduziu que ficava, assim como a Serra das Esmeraldas, na Capitania do Espírito Santo, "a trezentas milhas do Rio de Janeiro e a cerca de duzentas e quarenta de São Paulo" (BOXER, 1973, p. 315). A proximidade o fez desejar, principalmente após o fim dos conflitos com os holandeses, encontrar as esmeraldas a fim de obter condições de explorar as minas de prata do *Sabarabuçu* e as de ouro em Paranaguá.

Ao assumir a repartição do sul, entrou em conflito com Francisco Barreto, que governava as capitanias do norte. Segundo ele, a jurisdição de Salvador deveria começar no Rio de Janeiro, e não no Espírito Santo. Já Salvador, alegava que a capitania em questão fez parte da repartição do sul nas divisões anteriores da colônia e exigia que continuasse assim (FREIRE, 1941, pp. 63-64). Barreto desistiu de brigar pela região sem muito esforço, pois Salvador tinha o apoio da Coroa e ele não se encontrava em uma posição política muito favorável[55]. Os caminhos estavam abertos para Salvador.

Boxer concluiu que, apesar de ter estado em Vitória e ter pedido o envio de joalheiros e lapidários de São Paulo para aquela capitania, Salvador não chegou a realizar sua entrada. As promessas de mercês e a procura de índios e colonos para a entrada foram em vão – ou não atraíram a quantidade necessária de pessoas, talvez devido às epidemias do período – e a expedição não foi realizada (BOXER, 1973, p. 319).

A POSSE POR MEIO DOS MAPAS

Os conflitos de posse dos territórios da América portuguesa, devido a essas e outras riquezas não se resumem aos governadores e às repartições do Brasil. Outras nações – principalmente a Espanha – ansiavam por esses territórios. Como já visto, o conhecimento que essas nações tinham dos territórios ultramarinos vinham de textos, relatórios e mapas produzidos por súditos para as coroas europeias. Os mapas eram ainda mais importantes por tornar os territórios tão distantes visíveis a qualquer um.

No século XVII, esses mapas eram manuscritos e primavam pelo grande detalhamento do que estava sendo retratado. Apesar da preferência portuguesa pela cartografia "realizada a bico de pena, utilizando tinta ferro-gálica e outras para

---

[55] "Acrescentava, não sem insolente sarcasmo, que teria dado a Salvador o controle do Brasil inteiro se ele o houvesse pedido, 'a fim de não receber outra reprimenda igual à que Vossa Majestade houve por bem passar-me a propósito dos problemas de Pernambuco'". BOXER, C. R. *Salvador de Sá e a luta pelo Brasil e Angola, 1602-1686*. São Paulo: Editora Nacional, 1973. p. 318..

as aguadas nos manuscritos coloridos" (SANTOS, M. M. D. d., 2007, p. 55), diminuindo a possibilidade de cópias e contrabando de informações importantes, aconteceu muitas vezes de mapas portugueses irem parar nas mãos de outras nações européias (BUENO, 2007, p. 30).

O cuidado em relação a essas obras é explicado pelo fato de normalmente apresentarem

> os acidentes geográficos da costa (portos notáveis, surgidouros de bom fundo para caravelas, navios, urcas e pataxós; ilhas e ilhetas com água e lenha; enseadas de grande pescaria; salinas; abrolhos, recifes perigosos, costa brava; correntes marítimas; barretas e calhetas); serras; rede hidrográfica costeira; terras despovoadas e sem proveito; zonas mais e menos férteis para plantação de mantimentos; os limites entre as capitanias hereditárias; povoações, capelas, freguesias, vilas, cidades e aspectos topográficos do sítio onde estão implantadas; fortalezas, fortes e redutos; aldeias e currais dos padres jesuítas; engenhos, fazendas e trapiches, com o nome dos seus respectivos proprietários (BUENO, 2007, p. 31).

A preocupação em evitar que as nações inimigas se apossassem dessas descrições tão específicas não se limitava às elites locais, mas incluía toda a Europa. Alpers, ao exemplificar medo semelhante entre holandeses dos Seiscentos, apresenta casos interessantes. Segundo ela, cosmógrafos tinham o costume de inserir imagens humanas em seus mapas para evitar que turcos se apoderassem de informações preciosas: sua religião "lhes proibia o uso de uma imagem com figuras humanas – [impedindo que] as utilizassem para seus próprios fins militares" (1999, pp. 263-264). Logo em seguida conta o caso de um russo que, ao passar certo mapa de Moscou para um holandês, afirma que poderia ser morto como traidor caso descobrissem o que estava fazendo.

Para Alpers, a apreensão do russo é uma representação seiscentista do valor que se dava ao conhecimento transmitido na forma de mapas. Acreditava-se que a imagem presente no mapa atuava como uma lente para observar o que, sem ele, seria impossível. E isso, dentro do contexto de controle e consolidação de domínio no Novo Mundo era o suficiente para que se tentasse adquirir conhecimento sobre territórios disputados. Não só no Novo Mundo, como no próprio mundo europeu. A reprodução gráfica de territórios sempre era relacionada à posse e domínio, e encontrava-se dificuldades, mesmo internas, para produzir imagem de algum território (ALPERS, 1999, pp. 286-287).

Após o fim da União Ibérica a demarcação da fronteira luso-espanhola tornou-se vital para a garantia da soberania portuguesa na região. Vê-se isso claramente no caso da publicação do *Nuevo descubrimiento del gran rio de las Amazonas*, escrito pelo jesuíta Acuña. Esse foi o relatório da viagem que o jesuíta fez junto a Pedro Teixeira para redescobrir o caminho pela bacia do Amazonas até as ricas regiões do Peru. Sua publicação logo após a separação das coroas de Portugal e Espanha, em 1641, foi suprimida porque a "nova conjuntura ibérica tornava o roteiro da viagem lesivo ao império espanhol (...). As fronteiras entre as conquistas portuguesa e castelhana estavam, cada vez mais, tênues" (RAMINELLI, 2008, p. 53).

Na bacia do Rio da Prata seria fundada pelos portugueses a Colônia de Sacramento, em 1680, como uma maneira de tomar posse daquele território (BETHENCOURT, 1998, p. 340). Nesse caso se utilizou o conceito da fronteira natural do Brasil, que nos limites do sul era situada (pelos portugueses) na bacia do Prata, o qual, seguindo para o interior, teria sua nascente em comum com o Amazonas, vindo daí o conceito da Ilha-Brasil e da fronteira natural da colônia[56].

---

[56] "O uso do argumento da fronteira natural já estava claramente formulado nas negociações luso-espanholas de 1680, após a fundação da Colônia do Sacramento. A diplomacia portuguesa estava atenta para o valor prático do

Sacramento surgiria também como resposta aos estudos do neerlandês Hugo Grócio, que no início do século XVII foi participante ativo na defesa do *res nullius*. O conceito romano significa que só havia o domínio de uma região a partir de sua posse real (KANTOR, 2007, p. 78), negando o valor das cerimônias de posse, muito comuns na América, e dos marcos territoriais utilizados em todo o litoral brasileiro pelos portugueses.

Afirmando que o direito natural se encontrava acima dessas demarcações de território, assim como das doações pontifícias, as ideias de Grócio, que trabalhava para a Companhia das Índias Ocidentais, invalidariam o próprio Tratado de Tordesilhas, assim como do *Mare liberum*, o monopólio da navegação marítima.

> O debate sobre a soberania nos mares e terras distantes balizou a elaboração de novos conceitos de soberania territorial na passagem do século XVII ao XVIII. O novo paradigma suplantaria os pressupostos teológico-políticos que asseguravam a incorporação dos espaços ainda não conhecidos e dominados numa totalidade representada por um virtual Império cristão universal. A tensão entre uma concepção teológico-política e uma visão secular da soberania se aprofundava à medida que a fronteira colonial avançava, tornando a presença dos missionários jesuítas uma contradição insuperável (KANTOR, 2007, pp. 78-79).

Essas idéias não foram completamente aceitas, sendo contestadas inclusive com o uso da cartografia e dos marcos toponímicos nos tribunais europeus para a comprovação de posse nas colônias ultramarinas a partir de meados do século XVII.

---

conceito de fronteira natural, que fazia coincidir os acidentes naturais com as jurisdições políticas". KANTOR, I. (2007). Usos diplomáticos da ilha-Brasil: polêmicas cartográficas e historiográficas. *Varia História, 37*, p. 80..

Ao mesmo tempo, após as doutrinas de Grócio, que seriam apoiadas na Paz de Westfália[57] em 1648, a cartografia começaria a perder definitivamente os seus elementos míticos, ou fantásticos, incorporando o que Kantor chama de "uma aura de fidedignidade que não possuía nos séculos anteriores" (2007, p. 77). Assumia-se definitivamente, com isso, a preocupação com a garantia do monopólio colonial.

Os estados europeus possuíam cosmógrafos contratados para se responsabilizar pelas cartas produzidas: Albernaz, por exemplo, trabalhou nos Armazéns da Guiné[58]; e André Thevet criou o cargo de Cosmógrafo do Rei na França (LESTRINGANT, 2009, p. 30). A cartografia moderna tinha como objetivo a visualização dos territórios dos reinos europeus e efetivar o seu controle político e administrativo. É possível identificar essa premissa no livro *Razão do Estado do Brasil*.

A posse dos lugares representados é feita principalmente a partir dos brasões, como pode ser visto no mapa do Atlas de 1631 (Fig. 2) e de maneira incompleta na Figura 4. Na carta geral é possível encontrar o padrão de demarcação dos territórios português e espanhol, numa verdadeira reivindicação territorial antes mesmo da Restauração. O brasão português, sobre a Serra das Esmeraldas em certo mapa, torna-se segregacionista, distanciando e eliminando o controle espanhol.

O Atlas foi encomendado pelo donatário de Ilhéus, Dom Jerônimo de Ataíde, que seria, poucos anos depois, participante

---

[57] A Paz de Westfalia foi realizada após o fim da Guerra dos Trinta Anos e, como Portugal havia recentemente se separado da Espanha, ainda não era aceito por todas as nações como um Estado independente. Assim, não fez parte dos tratados e viu-se obrigado a aceitar suas decisões.

[58] "Nos Armazéns da Guiné e das Índias, cabia ao cosmógrafo-mor supervisionar a atualização das chamadas *cartas-padrão*, sobre as quais os cartógrafos inscreviam os novos conhecimentos". BUENO, B. P. S. (2007). Desenhando o Brasil: o saber cartográfico dos cosmógrafos e engenheiros militares da Colônia ao Império *Roteiro Prático de cartografia da América portuguesa ao Brasil Império* (pp. 29-41). Belo Horizonte: UFMG. p. 30. .

ativo na Restauração portuguesa. "Ele foi um dos dois filhos que a célebre D. Filipa de Vilhena armou cavaleiros na madrugada de 1º de dezembro de 1640, horas antes de eclodir o movimento da Restauração" (CORTESÃO, J., 1957, p. 71). Seu interesse pela separação entre Portugal e Espanha aparece de maneira clara nos atlas que encomendou e todo o seu serviço em nome da Coroa portuguesa foi recompensado, tornando-se inclusive Governador Geral do Brasil em 1653 (GUERRA & SANTOS, 2008, p. 297).

Além desses, segundo Jaime Cortesão, "os cinco atlas do Brasil de 1640 e os dois de 1642", que são descritos por ele durante o texto, "continuam a assinalar a linha da soberania portuguesa com tamanha amplitude que, dos atuais territórios da Argentina, do Paraguai e da própria Bolívia, não restava muito à Espanha" (CORTESÃO, J., 1957, p. 92). E continua:

> relanceando os brasões que ornam, como aos portões das quintas fidalgas, o brasil heráldico do atlas de D. Jerônimo de Ataide, ao lado das grandes rodas dos engenhos, espalhados pelas capitanias, bem podemos dizer que ele é o prólogo cartográfico e o primeiro manifesto político da conspiração que havia de levar, em dezembro de 1640, à Restauração da Independência portuguesa. Raras vezes um atlas haverá assumido um significado político tão evidente (CORTESÃO, J., 1957, p. 72).

Harley define que, na cartografia, entendida por ele como uma construção social, "as distinções entre classe e poder são projetadas, reificadas e legitimadas nos mapas por meio de sinais cartográficos. A regra parece ser 'quanto mais poderoso, mais proeminente'" (1989, p. 7). Assim, o brasão português, claramente maior que o espanhol, atuam como um mecanismo para definir a relação de poder entre Portugal e Espanha.

Brasões e bandeiras demarcam os territórios de cada nação, talvez de maneira não tão desproporcional como a defendida por

Cortesão. Entretanto, nota-se que nos mapas da *Razão do Estado do Brasil* não é possível encontrar brasões distinguindo os territórios das duas nações ibéricas. Como visto, João Teixeira Albernaz teve como patrono o rei Filipe II, antes de começar a fazer mapas a pedido de dom Jerônimo. É compreensível que o livro, patrocinado pelo próprio rei das duas coroas, apresentasse a região unida sob um único poder.

Fora dos mapas, entretanto, Filipe II demonstrava preocupação pela passagem surgida entre as duas Américas em Santa Cruz de la Sierra, afirmando que os territórios das duas nações ibéricas deveriam ser mantidos separados. A passagem deveria continuar como um segredo aos portugueses e vigiada pelos espanhóis para que não fosse utilizada. Alguns anos depois, em 1639, Filipe IV já se preocupava com os avanços dos bandeirantes paulistas por esses territórios ao sul, dando ordem para que os portugueses não entrassem em território da Coroa espanhola por qualquer razão (CORTESÃO, J., 1957, pp. 94-95).

A viagem de Salvador Correia de Sá para o Peru e outras para aquela região incentivaram os portugueses, após a Restauração, a realizarem expedições a fim de alcançar a riqueza da América espanhola. Mas o incentivo cartográfico das riquezas da Serra das Esmeraldas parece ter desaparecido de Portugal.

O BRILHO DO OURO E O APAGAMENTO DAS ESMERALDAS

A quase eliminação desse lugar fantástico dos relatos portugueses em meados do século XVII – considerando que o mapa de Jacobo Cocleo, do final do século, foi feito a partir de antigos relatos e cartas de viajantes – não parece estar ligada ao esquecimento ou abandono da crença no *Sabarabuçu*. Durante todo o trabalho, as entradas em busca das esmeraldas continuam por todo o século XVII. Aparentemente, a cartografia portuguesa da

América voltou-se ainda mais para o mar a partir de meados dos Seiscentos.

O sertão brasileiro perdeu sua representação enquanto aguardava os Engenheiros Militares – "capazes de realizar levantamentos topográficos, corográficos, geográficos e hidrográficos, além de projetar e construir complexos sistemas de defesa militar" (BUENO, 2007, p. 33). Eles viajaram pela América portuguesa, principalmente a partir do século XVIII, e permitiram um avanço cartográfico que, no século seguinte, revolucionaria completamente a cartografia europeia.

Na cartografia holandesa e francesa, principalmente, viu-se a continuação da presença das "minas de Sebastião Tourinho" mesmo nos Setecentos. E em um mapa de Jean Baptiste Bourguignon d' Anville, datado de 1779, pode-se encontrar, ainda mais uma vez, a Serra das Esmeraldas.

Figura 14 - Carte qui répresente la partie meridionale du Brésil et du Perou, le Chili septentrional et le Paraguay, ce qui fait la partie de milieu de L'Amérique méridionale. Autor: ANVILLE, Jean Baptiste Bourguignon d'. Veneza, 1779. Arquivo: Biblioteca Nacional do Rio de Janeiro. Disponível em: <http://consorcio.bn.br/scripts/odwp032k.dll?t=xs&pr=projeto_finep_pr&db=projeto_finep&use=kw_livre&disp=list&sort=off&ss=new&arg=cart389314&x=0&y=0 >. Acesso em 12/08/2011.

O fato do "Cerro das Esmeraldas" se encontrar em um afluente do rio Asussi que, posteriormente, desagua no rio Doce, nos leva a pensar que esse mapa baseou-se no roteiro de Marcos de Azeredo (ver Cap.1). Aqui, entretanto, esse afluente recebe o nome de rio das Esmeraldas. Destaca-se também que, pelo norte, o "Cerro" pode ser alcançado a partir de um afluente do rio São Francisco, crença também presente em fins do século XVI.

No mapa, o Espírito Santo é delimitado entre o rio Itabapoana (Tapoana, no mapa) e o Peruipe (hoje, extremo sul da Bahia). Por outro lado, as capitanias são divididas apenas no litoral, e não é possível identificar onde começariam as Minas Gerais, mesmo que se possa identificar certas vilas no interior, como Villa Rica.

Por fim, as grandes jazidas de ouro encontradas nesses territórios do interior do Brasil obscureceram a crença nas esmeraldas. As descobertas mudaram, nos Setecentos, a economia brasileira e portuguesa. Para o Espírito Santo, entretanto, essa mudança não foi muito positiva. Os territórios em que o ouro foi encontrado era um território disputado entre diferentes elites da América portuguesa, principalmente de São Paulo, Rio de Janeiro e Bahia. Dos governos das duas últimas partiram leis para limitar o tráfico na região e controlar os caminhos e estradas para a região das minas (BOXER, 1969, p. 66), pois as notícias de tais riquezas aqueceram vários corações:

> Cada ano vem nas frotas quantidade de portugueses, e de estrangeiros, para passarem às minas. Das cidades, vilas, recôncavos, e sertões do Brasil vão brancos, pardos, e pretos, e muitos índios de que os paulistas se servem. A mistura é de toda a condição de pessoas: homens e mulheres; moços e velhos; pobres e ricos; nobres e plebeus; seculares, clérigos, e religiosos de diversos institutos, muitos dos quais não têm no Brasil convento nem casa (ANTONIL, 1711/1982).

A Capitania do Espírito Santo não foi imediatamente colocada de lado no controle da região, mas isso não demorou muitos anos: "No início do século 18, já manifesto o ouro no sertão da América, os governadores do Rio de Janeiro passaram claramente a disputar o controle da região com os governadores-gerais" (PUNTONI, 2009, p. 72). As capitanias do norte seriam proibidas ainda em fevereiro de 1701 de manter "quaisquer comunicação entre os sertões de Pernambuco e Bahia e a região aurífera" (TAUNAY, 1924, p. 254).

Em janeiro de 1704, os moradores de Vitória e outras vilas seriam proibidos de fazer a viagem ao sertão. O Capitão-mor do Espírito Santo, Francisco Ribeiro, recebeu ordens do Governador Geral de se recolher

> "com toda a gente que levou ao descobrimento das minas do ouro dessa Capitania por me haver Sua Magestade que Deus guarde ordenado se suspendam por ora esses, e outros descobrimentos que eu havia mandado fazer nos sertões desta Bahia, pelo prejuízo que na ocasião presente pode resultar da averiguação dos ditos descobrimentos, evitando Vossa Mercê por todos os meios possíveis, não vá a eles pessoa alguma até segunda ordem minha, e havendo quem o faça, Vossa mercê a remeterá presa à cadeia desta cidade" (BIBLIOTECA NACIONAL, 1929, p. 351).

E assim, até 1705, cessou definitivamente "tráfico legítimo entre as Minas e as praças da Bahia e do Espírito Santo" (TAUNAY, 1924, p. 256). A criação da Capitania de São Paulo e das Minas do Ouro, em 1709, veio como uma solução para a Guerra dos Emboabas[59] e desmembrou definitivamente a região

---

[59] "Em um período de vários meses, entre 1708 e 1709, a principal região mineradora do interior do Brasil foi um cenário de conflitos sangrentos entre facções opostas. As forças do governo e religião eventualmente restauraram um semblante de ordem do quase absoluto caos". CARDOZO,

das minas gerais da Capitania do Espírito Santo (GOUVÊA, 2001, p. 304), que ficaria limitada entre o litoral e uma região de floresta, ocupada por tribos nativas contrárias aos portugueses. Perdeu, assim, a posse sobre as riquezas naturais, tão desejadas e disputadas durante o século anterior, e a maior parte de seu território para forças políticas vizinhas.

Sobre a Serra das Esmeraldas no século XVIII, Sérgio Buarque de Holanda declara:

> Pode mesmo dizer-se que, entre nós, a miragem do Sabarabuçu argentífero e a da Serra das Esmeraldas, mitos mais ou menos xifópagos, em que aos poucos se tinham transfigurado, segundo o modelo provindo das cordilheiras do Oeste, as antigas montanhas resplandecentes do gentio, sustentaram-se e em alguns casos recrudesceram, mesmo após as primeiras e generosas colheitas de ouro nas Gerais (HOLANDA, 1969, p. 99).

A Serra recebeu alguma importância ainda no início da década de 1730, quando Francisco de Melo Coutinho Soutomaior recebeu a patente de Mestre-de-Campo dos descobrimentos das esmeraldas do rio Doce (LEAL, 1981, p. 44). Porém, com o desenrolar dos Setecentos e os constantes erros no descobrimento das esmeraldas, ela foi lentamente abandonada. Com o fracasso da entrada, a Serra das Esmeraldas mergulhou em um esquecimento do qual saiu pouquíssimas vezes, até que seu brilho apagasse definitivamente.

M. S. (1942). The Guerra dos Emboabas, civil war in Minas Gerais, 1708-1709. *Hispanic American Historical Review, 22*(3), p. 470..

CONCLUSÃO

Conclui ao longo do presente trabalho que a economia de mercês, com grande influência nas nações ibéricas, incentivou a produção de uma literatura naturalista na América portuguesa entre os séculos XVI e XVII. A apresentação dessas cartas à Coroa gerava benefícios e privilégios aos súditos que as produziam. A partir dessa literatura – que relatava plantas, animais, tribos, povoações e outras características do Novo Mundo – surgiram os primeiros relatos sobre as pedras verdes no sertão brasileiro.

Esses relatos iniciais, provindos de índios e aventureiros portugueses, deram início à crença de que haveria riquezas no lado português da América, que corresponderiam às riquezas do lado espanhol. A lendária proximidade entre o Potosi e o sertão brasileiro levou à crença no *Sabarabuçu*, uma serra de prata ou de esmeraldas à espera dos portugueses. E graças ao contato próximo dos sertanistas com os nativos, dos quais obtiveram grande conhecimento das longas expedições pelo sertão, foi possível realizar as entradas.

Os mapas e atlas portugueses focados no Brasil seiscentista foram influenciados pelo conhecimento adquirido dos nativos, principalmente na representação do interior do continente. De maneira ainda mais forte, essa cartografia se baseou nos diversos relatos enviados à Coroa sobre essas regiões, inclusive o que produziu Marcos de Azeredo sobre a entrada em que encontrou as esmeraldas. Assim, os relatos a que tive acesso, alguns dos quais também foram utilizados pelos cartógrafos do período moderno, criaram uma identidade para a Capitania do Espírito Santo. A lenda da Serra das Esmeraldas tornou-se conhecida graças à atenção recebida por esses meios e colocou o Espírito Santo entre as regiões mais cobiçadas da América colonial.

Durante a União Ibérica, o rei Filipe II foi influenciado por esses e outros relatos para incentivar a produção cartográfica. De uma maneira semelhante, os holandeses, ocupando as capitanias do norte do Brasil, incentivaram a produção cultural para estabelecer a posse sobre esses territórios e também o conhecimento do interior da América. Relatos, pinturas e mapas foram produzidos seguindo de perto o modelo espanhol. A cartografia holandesa, assim como a francesa, foi bastante influenciada pela escola portuguesa, utilizando mapas e dados portugueses na sua composição.

Com as invasões holandesas e o fim da União Ibérica, Portugal passou a dedicar mais atenção ao Atlântico, onde perdera diversas possessões. Sua reestruturação no Reino foi acompanhada de crises financeiras na colônia. No Espírito Santo, que derrotou holandeses invasores por duas vezes na primeira metade do século XVII, cogitou-se vender a capitania para a Coroa, pois ela não gerava qualquer rendimento.

As crises econômicas foram um dos motivos que incentivaram as entradas de meados do século XVII, gerando um imenso interesse dos colonos pelas riquezas perdidas do sertão. Muitas das entradas foram realizadas por padres jesuítas das capitanias do sul. Enquanto buscavam catequizar nações indígenas, os jesuítas não se fechavam para as riquezas minerais. A partir da década de 1660, no Espírito Santo, as patentes das entradas começaram a passar para moradores e oficiais influentes. Até então, eles apenas acompanhavam os jesuítas, que recebiam as permissões. Destacaram-se os filhos de Marcos de Azeredo e o donatário Francisco Gil de Araújo, que era próximo dos jesuítas.

A partir dessa época, diversos conflitos políticos ocorreram entre os que disputavam as patentes das entradas. Alguns deles, como o que ocorreu entre o Capitão-mor José Gonçalves de Oliveira e o Donatário Francisco Gil, envolveram tantas camadas da administração imperial de Portugal que merecem destaque no estudo do império ultramarino português. Nesse mesmo período também ocorreram conflitos de fronteira, nos quais Francisco Gil e (antes dele) governadores como Salvador Correia de Sá e Benevides brigaram para manter a jurisdição sobre os territórios da Capitania do Espírito Santo, disputados pelas capitanias do norte e do sul.

A descoberta de riquezas minerais que se oporiam ao Potosi espanhol levou a um impressionante encolhimento do território da Capitania do Espírito Santo. Depois de 1709 ela ficou limitada entre as serras e florestas, de um lado, e o mar, do outro. A região das minas gerais foi disputada mesmo quando abrigava apenas as lendárias serras de prata e esmeraldas, e desde fins do século XVI as principais forças que brigaram por essa região vinham de outras capitanias: São Paulo, Rio de Janeiro e Porto Seguro.

Esse conflito também se refletiu na cartografia portuguesa. Com o passar do tempo, acompanhando os novos dados da colônia, a cartografia mudou constantemente as fronteiras norte e sul. As disputas políticas para a abertura de estradas para a região das minas foram vencidas pelo Rio de Janeiro e os moradores do Espírito Santo se viram privados de ir ao sertão de sua própria capitania ainda em 1704. Cinco anos depois, viria a criação da Capitania de São Paulo e Minas do Ouro.

A Serra das Esmeraldas surgiu em alguns mapas durante os Setecentos, principalmente de outras nações europeias, mas apenas como reflexo de antigos relatos portugueses. Ignacio Accioli Vasconcellos, em sua *Memória Estatística da Província do Espírito Santo,* de 1828, provavelmente foi influenciado por essas produções. O sonho do Presidente de Província foi, enfim, um reflexo duplo (dos relatos coloniais para a cartografia e da cartografia de volta para a colônia) daquele desejo dos sertanistas do século XVII. A Serra foi, de fato, uma das lendas mais extraordinárias e duradouras do período colonial brasileiro, mesclando tradições indígenas e europeias, com reflexos na interiorização da colonização, estabelecimento de contato com tribos indígenas, aberturas de rotas pelo sertão e aproximação de súditos da colônia com a Coroa. O desejo pelo fantástico moveu as expedições sertanistas por séculos, mas nunca seria concretizado.

Mesmo assim, em razão da busca pela Serra das Esmeraldas, a Capitania do Espírito Santo pode ser considerada ponto importante na história dos conflitos políticos e territoriais na América portuguesa entre fins dos Quinhentos e início do Seiscentos. Por si mesmos e pelas forças presentes na América portuguesa, esses conflitos alteraram drasticamente o espaço e a história do Espírito Santo colonial.

REFERÊNCIAS

ALPERS, S. *A arte de descrever: a arte holandesa no século XVII*. São Paulo: Universidade de São Paulo, 1999.

ANDREWS, J. H. Introduction: Meaning, knowledge, and power in the map philosophy of J. B. Harley *The New Nature of Maps*. London: The Johns Hopkins University Press, 2001.

ANTONIL, A. J. *Cultura e opulência do Brasil*. São Paulo: Edusp 1982. (Original publicado em 1711).

BARATA, M. D. R. T. Portugal e a Europa na Época Moderna *História de Portugal*. São Paulo: UNESP, 2001.

BETHENCOURT, F. O complexo do Atlântico. In F. BETHENCOURT & K. CHAUDHURI (Eds.), *História da Expansão Portuguesa: Do Índico ao Atlântico* (Vol. 2). Navarra: Temas e Debates, 1998.

BIBLIOTECA NACIONAL. *Documentos Históricos: 1631-1637, Patentes, Provisões e Alvarás* (Vol. XVI). Rio de Janeiro, 1930a.

BIBLIOTECA NACIONAL. *Documentos Históricos: 1637-1639 - Patentes, Provisões e Alvarás* (Vol. XVII). Rio de Janeiro: Typographia Monroe, 1930b.

BIBLIOTECA NACIONAL. *Documentos Históricos: 1639-1655 - Provisões, Alvarás e Sesmarias* (Vol. XVIII). Rio de Janeiro: Typographia Monroe, 1930c.

BIBLIOTECA NACIONAL. *Documentos Históricos: 1648-1661 - Correspondência dos Governadores Gerais - Conde de Castello Melhor, Conde de Athouguia, Francisco Barretto* (Vol. III). Rio de Janeiro: Augusto Porto & C., 1928a.

BIBLIOTECA NACIONAL. *Documentos Históricos: 1650-1693 - Provisões, Patentes, Alvarás* (Vol. XXXI). Rio de Janeiro: Typographia do Archivo de História Brasileira, 1936.

BIBLIOTECA NACIONAL. *Documentos Históricos: 1662-1664 - Provisões, Patentes, Alvarás, Sesmarias, Mandados, etc.* (Vol. XXI). Rio de Janeiro: Typographia do Archivo de História Brasileira, 1933.

BIBLIOTECA NACIONAL. *Documentos Históricos: 1663-1677 - Correspondência dos Governadores Gerais Conde de Obidos, Alexandre de Souza*

Freire, *Alfonso Furtado de Castro do Rio de Mendonça, Regimento dado ao Governador Roque Barreto* (Vol. VI). Rio de Janeiro: Augusto Porto & C., 1928b.

BIBLIOTECA NACIONAL. *Documentos Históricos: 1672-1675 - Provisões, patentes, alvarás, sesmarias, mandados, etc.* (Vol. XXV). Rio de Janeiro: Typographia do Archivo de História Brasileira, 1934.

BIBLIOTECA NACIONAL. *Documentos Históricos: 1675-1709 - Correspondência dos Governadores Geraes; 1664-1668 - Provisões* (Vol. XI). Rio de Janeiro: Augusto Porto & C., 1929.

BIBLIOTECA NACIONAL. *Documentos Históricos: Cartas Régias - 1667-1681* (Vol. LXVII). Rio de Janeiro: Typographia Baptista de Souza, 1945.

BIBLIOTECA NACIONAL. *Documentos Históricos: Consultas do Conselho Ultramarino, Bahia e Capitanias do Norte - 1674-1687; Rio de Janeiro - 1757-1807* (Vol. XCII). Rio de Janeiro: Biblioteca Nacional, 1951.

BIBLIOTECA NACIONAL. *Documentos Históricos: Livro 1° de Regimentos - 1653-1684* (Vol. LXXIX). Rio de Janeiro: Typographia Baptista de Souza, 1948.

BOXER, C. R. *A idade de ouro do Brasil (dores de crescimento de uma sociedade colonial.* São Paulo: Companhia Editora Nacional, 1969.

BOXER, C. R. *Salvador de Sá e a luta pelo Brasil e Angola, 1602-1686.* São Paulo: Editora Nacional, 1973.

BRANDÃO, A. F. *Diálogos das grandezas do Brasil* (C. D. ABREU Ed.). Salvador: Progresso, 1956.

BUENO, B. P. S. Decifrando mapas: sobre o conceito de território e suas vinculações com a cartografia. *Anais do Museu Paulista, 12*, 193-2004, 2004.

BUENO, B. P. S. Desenhando o Brasil: o saber cartográfico dos cosmógrafos e engenheiros militares da Colônia ao Império *Roteiro Prático de cartografia da América portuguesa ao Brasil Império* (pp. 29-41). Belo Horizonte: UFMG, 2007.

CARDOZO, M. S. The Guerra dos Emboabas, civil war in Minas Gerais, 1708-1709. *Hispanic American Historical Review, 22*(3), 1942.

CARRARA, A. A. Antes das Minas Gerais: conquista e ocupação dos sertões mineiros. *Varia História, 23*(38), 2007.

Cartas do 1° Conde da Torre. (Vol. II). Lisboa: Comissão Nacional para as comemorações dos descobrimentos portugueses - Centro de História e documentação diplomática/MRE, 2001.

Cartas para Álvaro de Sousa e Gaspar de Sousa (1540-1627). Lisboa: Comissão Nacional para as Comemorações dos Descobrimentos Portugueses: Centro de História e Documentação Diplomática, 2001.

CARVALHO, M. S. D. O pensamento geográfico medieval e renascentista no ciberespaço. *História do Pensamento Geográfico*, 2011. Disponível em: www.geocities.ws/pensamentobr/medievalciber.pdf

CASAL, M. A. D. *Corografia Brasílica ou Relação histórico-geográfica do Reino do Brasil* (Vol. 2). São Paulo: Edições Cultura, 1943.

COELHO, A. B. Os argonautas portugueses e o seu velo de ouro (séculos XV-XVI) *História de Portugal* (pp. 87-106). São Paulo: UNESP, 2001.

CORTESÃO, A., & MOTA, A. T. D. *Portugaliae Monumenta Cartographica* (Vol. IV). Lisboa: Imprensa Nacional-Casa da Moeda, 1987.

CORTESÃO, J. *História do Brasil nos velhos mapas* (Vol. II). Rio de Janeiro: Ministério das Relações Exteriores, 1957.

COSTA, A. G. Dos roteiros de todos os sinais da costa até a carta geral: um projeto de cartografia e os mapas da América portuguesa e do Brasil Império *Roteiro Prático de Cartografia: da América portuguesa ao Brasil Império* (pp. 83-105). Belo Horizonte: UFMG, 2007.

COSTA, L. F. Entre o açúcar e o ouro: permanência e mudança na organização dos fluxos (séculos XVII e XVIII) *Nas rotas do império: eixos mercantis, tráfico e relações sociais no mundo português* (pp. 97-134). Vitória: EDUFES, 2006.

DAEMON, B. C. *Província do Espírito Santo: sua descoberta, historia, chronologia, synopsis e estatistica* (2 ed.). Vitória: Arquivo Público do Estado do Espírito Santo, 2010.

DELVAUX, M. M. (2009). As minas imaginárias: o maravilhoso geográfico nas representações sobre o sertão da América portuguesa - séculos XVI a XIX *Dissertação (mestrado)*: Universidade Federal de Minas Gerais, Faculdade de Filosofia e Ciências Humanas.

Documentos Históricos: 1648-1661, Correspondência dos Governadores Gerais. (Vol. III). Rio de Janeiro, 1928.

. Documentos Manuscritos Avulsos da Capitania do Espírito Santo (1585-1822). (1997) *Projeto Resgate da Documentação Histórica Barão do Rio Branco* (Vol. 2 CDs). Lisboa: Arquivo Histórico Ultramarino, Instituto de Investigação Científica Tropical.

FER, N. D. (Cartographer). (1719). Le Brésil dont les côtes sont divisées en capitaineries : dressé sur les dernieres relations de flibustiers et fameux voyageurs. Disponível em http://consorcio.bn.br/scripts/odwp032k.dll?t=xs&pr=projeto_finep_ pr&db=projeto_finep&use=kw_livre&disp=list&sort=off&ss=new&arg =cart230523&x=0&y=0

FRAGOSO, J., GOUVÊA, M. D. F. S., & BICALHO, M. F. Uma leitura do Brasil Colonial - bases da materialidade e da governabilidade no Império. *Revista de História e Ciências Sociais Penélope*(23), 2000.

FREIRE, M. A. *A Capitania do Espírito Santo: Crônicas da Vida Capixaba no tempo dos Capitães-mores.* Vitória: Flor & Cultura Editores, 2006.

FREIRE, M. A. Subsídios para a história seiscentista do Espírito Santo. *Revista do Instituto Histórico e Geográfico do Espírito Santo*(14), 1941.

GÂNDAVO, P. D. M. *Tratado da Terra do Brasil.* Pará: NEAD: UNAMA, 1570.

GEORGIAINFO. Spanish cross of Burgundy flag (c.1520-1785). Acesso em: 27/12/2013, 2013, Disponível em: http://georgiainfo.galileo.usg.edu/spflag.htm

GOUVÊA, M. D. F. S. Poder político e administração na formação do complexo atlântico português (1645-1808) *O antigo regime nos trópicos: a dinâmica imperial portuguesa (sécs. XVI-XVIII).* Rio de Janeiro: civilização Brasileira, 2001.

GUERRA, A. E., & SANTOS, M. M. D. O Atlas Estado do Brasil: Um Olhar sobre a América Colonial. *Revista Brasileira de Cartografia, 60*(03), 2008.

HARLEY, J. B. Deconstructing the map. *Cartographica*, 1-20, 1989.

HERVA, V.-P. Maps and magic in Renaissance Europe. *Journal of Material Culture, 15*, 2010.

HESPANHA, A. M. As estruturas políticas em Portugal na Época Moderna *História de Portugal.* Portugal: Instituto Camões, 2001.

HOLANDA, S. B. D. *Caminhos e Fronteiras.* São Paulo: Companhia das Letras, 1994.

HOLANDA, S. B. D. *Monções.* São Paulo: Brasiliense, 2000.

HOLANDA, S. B. D. *Raízes do Brasil.* São Paulo: Companhia das Letras, 1995.

HOLANDA, S. B. D. *Visão do Paraíso*. São Paulo: Companhia Editora Nacional, 1969.

HOLANDA, S. B. D. (Ed.). *História Geral da Civilização Brasileira. Tomo I: A Época Colonial* (Vol. 2). São Paulo: DIFEL, 1985.

Informação sobre as minas do Brasil. *Anais da Biblioteca Nacional do Rio de Janeiro, LVII,* 1939.

KANTOR, I. Usos diplomáticos da ilha-Brasil: polêmicas cartográficas e historiográficas. *Varia História, 37,* 70-80, 2007.

KNIVET, A. *As incríveis aventuras e estranhos infortúnios de Anthony Knivet: memórias de um aventureiro inglês que em 1591 saiu de seu país com o pirata Thomas Cavendish e foi abandonado no Brasil, entre índios canibais e colonos selvagens*. Rio de Janeiro: Jorge Zahar Ed. 2008. (Original publicado em 1625).

KOK, G. Vestígios indígenas na cartografia do sertão da América Portuguesa. *Anais do Museu Paulista, 17,* 91-109, 2009.

L'ISLE, G. D. (Cartographer). (1703). Carte de la Terre Ferme du Perou, du Bresil et du pays des Amazones. Disponível em http://consorcio.bn.br/scripts/odwp032k.dll?t=xs&pr=projeto_finep_pr&db=projeto_finep&use=kw_livre&disp=list&sort=off&ss=new&arg=cart164721&x=0&y=0

LAMEGO, A. A Capitania do Espírito santo sob o domínio dos Donatários. *Revista do Instituto Histórico e Geográfico do Espírito Santo*(11), 1938.

LAMEGO, A. *A terra Goytacá: à luz de documentos inéditos* (Vol. 2). Paris: L'Édition D'Art, 1920.

LEAL, J. E. F. As fortificações do Espírito Santo no século XVIII. *Revista Cultural da UFES, 5*(14), 27-29, 1980.

LEAL, J. E. F. Economia colonial capixaba. *Revista Cuca Cultura Capixaba,* 1977.

LEAL, J. E. F. (Ed.). *Catálogo de documentos manuscritos e avulsos da Capitania do Espírito santo: 1585-1822*. Vitória: Arquivo Público Estadual, 2000.

LEAL, J. E. F. (Ed.). *Catálogo de Manuscritos sobre o Espírito Santo existentes na Biblioteca Nacional* (Vol. 101), 1981.

LEITE, S. *Cartas dos primeiros jesuítas do Brasil* (Vol. VI (1538-1553)). São Paulo: Comissão do IV Centenário da cidade de São Paulo, 1956.

LEITE, S. *História da Companhia de Jesus no Brasil* (Vol. VI). Rio de Janeiro: Instituto Nacional do Livro, 1945.

LESTRINGANT, F. *A oficina do cosmógrafo, ou a imagem do mundo no Renascimento*. Rio de Janeiro: Civilização Brasileira, 2009.

LÉVI-STRAUSS, C. *O pensamento selvagem* (T. PELLEGRINI, Trans.). Campinas: Papirus, 1997.

MAGALHÃES, B. D. *Expansão Geographica do Brasil Colonial*. São Paulo: Companhia Editora Nacional, 1935.

MAGALHÃES, J. R. Mundos em miniatura: aproximação e alguns aspectos da cartografia portuguesa do Brasil (séculos XVI a XVIII). *Anais do Museu Paulista, 17*, 69-94, 2009.

MARCGRAVE, J. *História natural do Brasil*. São Paulo: Imprensa Oficial do Estado, 1942.

MAYHEW, R. Geography, print culture and the Renaissance: "The road less travelled by". *History of European Ideas, 27*, 2001.

MEDEIROS, R. P. D. *Capa, espada, hábito e tença: concessão de títulos nobiliárquicos às lideranças indígenas na luta contra invasores estrangeiros na América portuguesa*. Paper presented at the Congresso Internacional: Pequena Nobreza nos Impérios Ibéricos de Antigo Regime, Lisboa, 2001

MIRANDA, C. L. Projeções da enunciação: a cartografia portuguesa da baía de Vitória (século XVI-XVIII) *Urbanismo Colonial: vilas e cidades de matriz portuguesa* (pp. 36-65). Rio de Janeiro: Contrl C, 2009.

MONTEIRO, N. G. F. A consolidação da dinastia de Bragança e o apogeu do Portugal barroco: centros de poder e trajetórias sociais *História de Portugal*. São Paulo: UNESP, 2001.

MORAES, F. B. D. Essas miniaturas do mundo: a cartografia histórica e o processo de ocupação do território na América portuguesa. *Vivência*(29), 163-187, 2006.

MORENO, D. D. C. *Livro que dá razão do Estado do Brasil*. Rio de Janeiro: Instituto Nacional do Livro; Ministério da Educação e Cultura, 1968.

MORENO, D. D. C. *Livro que dá Razão do Estado do Brasil: 1612. Edição crítica, com introdução e notas de Helio Vianna*. Recife: Arquivo Público Estadual, 1955.

MYRUP, E. Governar a distância: o Brasil na composição do Conselho Ultramarino, 1642-1833 *O Brasil no império marítimo português*. Bauru: EDUSC, 2009.

OLIVEIRA, J. T. D. *História do Estado do Espírito Santo*. Vitória: Arquivo Público do Estado do Espírito Santo: Secretaria de Estado da Cultura, 2008.

PEREIRA, M. R. D. M. Almuthasib - Considerações sobre o direito de almotaçaria nas cidades de Portugal e suas colônias. *Revista Brasileira de História, 21*(n.42), 2001.

PRADO JÚNIOR, C. *Formação do Brazil contemporâneo*. São Paulo: Brasiliense, 2007.

PUNTONI, P. O Governo Geral e o Estado do Brasil: poderes intermediários e administração (1549-1720) *O Brasil no Império marítimo Português*. Bauru: EDUSC, 2009.

QUADROS, E. G. A letra e a linha: a cartografia como fonte histórica. *Revista Mosaico, 1*(1), 27-40, 2008.

RAMINELLI, R. *Viagens Ultramarinas: Monarcas, vassalos e governo a distância*. São Paulo: Alameda, 2008.

RAU, V., & SILVA, M. F. G. D. *Os manuscritos do Arquivo da Casa de Cadaval respeitantes ao Brasil* (Vol. 1). Coimbra: Universidade de Coimbra, 1955.

Registro da Folha Geral do Estado do Brasil. *Anais da Biblioteca Nacional do Rio de Janeiro*, 1906.

REIS, F. P. As imagens de Nossa Senhora da Penha do Conento da Santa no Espírito Santo. *Academia.edu*, 2008. Disponível em: http://www.academia.edu/4558520/As_imagens_de_Nossa_Senhora_d a_penha_no_Convento_da_santa_no_Espirito_Santo

RIBEIRO, L. C. M. *O comércio e a navegação na capitania portuguesa do Espírito Santo - Brasil (séc. XVI-XVIII)*. Paper presented at the XXX Encontro da Associação Portuguesa de História Econômica e Social, Lisboa, 2010

RUBIM, F. A. Memória estatística da província do Espírito Santo no ano de 1817. *Revista do Instituto Histórico e Geográfico do Brasil, Tomo XIX*(3ª Série), 1900.

SALETTO, N. *Donatários, Colonos, Índios e Jesuítas: O início da colonização do Espírito Santo*. Vitória: Arquivo Público Estadual, 1998.

SALVADOR, F. V. D. *História do Brasil*, 1627. Disponível em: http://www.dominiopublico.gov.br/download/texto/cv000038.pdf

SALVADOR, J. G. *Os cristãos novos: povoamento e conquista do solo brasileiro, 1530-1680*. São Paulo: Pioneira: EDUSP, 1976.

SANTOS, M. M. D. D. Técnicas e Elementos da Cartografia da América Portuguesa e do Brasil Império *Roteiro Prático de Cartografia: da América Portuguesa ao Brasil Império* (pp. 51-81). Belo Horizonte: UFMG, 2007.

SANTOS, M. N. D. Serviços, honra, prestígio e... fracasso: a herança imaterial dos Governadores Gerais do Brasil e Vice-reis da Índia, nos séculos XVII e XVIII. *Revista Eletrônica de História do Brasil, 10*(n.1 e 2), 2008.

SANTOS NEVES, L. G. O comércio exterior no Espírito Santo até meados do século XX. *Revista do Instituto Histórico e Geográfico do Espírito Santo, 57*, 2003.

SEED, P. *Cerimônias de posse na conquista europeia do novo mundo (1492-1640)*. São Paulo: UNESP, 1999.

SILVA, I. A. D. C. E. *Memórias históricas e políticas da Província da Bahia, Anotado por Braz do Amaral* (Vol. I). Bahia: Imprensa Oficial do Estado, 1919.

SOUSA, G. S. D. *Tratado Descritivo do Brasil* (3ª ed.). Rio de Janeiro: Companhia Editora Nacional 1851. (Original publicado em 1587).

TAUNAY, A. D. E. *História das Bandeiras Paulistas*. São Paulo: Melhoramentos, 1975.

TAUNAY, A. D. E. *História Geral das Bandeiras Paulistas* (Vol. quinto). São Paulo: Typ. Ideal, 1924.

TAUNAY, A. D. E. *História Seiscentista da Vila de São Paulo*. São Paulo: Tipografia Ideal, 1929.

TEIXEIRA, L. *Roteiro de todos os sinais da Costa do Brasil*. Rio de Janeiro: Instituto Nacional do Livro; Ministério da Educação e Cultura, 1968.

VASCONCELLOS, I. A. *Memória Estatística da Província do Espírito Santo, escrita no ano de 1828*. Vitória: Arquivo Público Estadual, 1978.

www.ingramcontent.com/pod-product-compliance
Lightning Source LLC
Chambersburg PA
CBHW020548030426
42337CB00013B/1013